Ihr Hobby

Paludarium

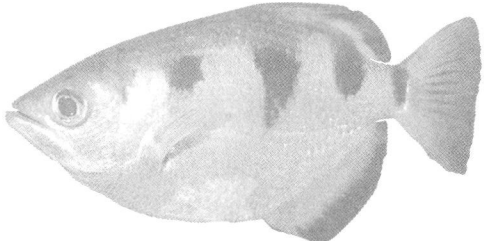

Hans Gonella

INHALTSVERZEICHNIS

© 1998 by bede-Verlag, Bühlfelderweg 12, D-94239 Ruhmannsfelden
E-mail: bede-Verlag@t-online.de; Internet: http://www.bede-verlag
Konzept der Reihe „Ihr Hobby…", Herstellung und Gestaltung: bede-Verlag

Bildnachweis: Alle Fotos Hans Gonella, außer wenn anders vermerkt.

ISBN: 3-931 792-70-6
bede-Bestellnummer: HO 368

Paludarien erfreuen sich einer immer größer werdenden Beliebtheit. Dennoch bestehen oft Bedenken, ein Paludarium einzurichten. Gründe hierfür könnten sein, daß die Pflanzenvielfalt und ihre vermeintlich hohen Pflegeanforderungen abschreckend wirken oder aber nur unzureichende Vorstellungen bestehen, welche Einrichtungsmöglichkeiten zur Verfügung stehen. Das vorliegende Buch wird auf kurze und prägnante Weise die wichtigsten Punkte behandeln, die es zu

richtungsmöglichkeiten schaffen die Grundlagen, um mit verhältnismäßig geringem Aufwand die verschiedensten Lebensräume für Tiere und Pflanzen zu gestalten und auch den Fischen optimale Lebensbedingungen zu bieten.
Ein Paludarium vereinigt auf wunderbare Weise den Wunsch, mit Aquarienfischen ein Stück Tropenwald ins Wohnzimmer zu holen. Außerdem wird der über dem Aquarium liegende Raum sinnvoll genutzt, was sogar vielen Aquarien-

In gewisser Weise ist ein Paludarium ein spezielles Aquarium. Obschon in einem Paludarium auch andere Tierarten als Fische gepflegt werden können, wird beim Einrichten des Wasserteils vor allem den Bedürfnissen der Fische Rechnung getragen.

beachten gilt, um ein Paludarium einzurichten. Bestimmt wird bald ersichtlich, daß die Pflegeanforderungen bei weitem nicht so anspruchsvoll sind, wie man annehmen könnte. Eine Vielfalt von Ein-

Fischen zugute kommt. Bekanntestes Beispiel sind wohl die Schützenfische, welche ihre Beutetiere vom über dem Wasserspiegel liegenden Astwerk treffsicher, mittels eines Wasserstrahls, in ihre Reichweite holen. Zusätzlich beleuchtet ein Paludarium das Wohnzimmer auf geheimnisvolle Weise und sorgt für eine ungewöhnliche und zugleich behagliche Wohnatmosphäre.

Unter dem - zugegebenermaßen - nicht gerade großen Angebot an Paludarien, bieten dafür einige Hersteller um so schönere Paludariummodelle an, die sich jedes auf seine Weise, je nach Geschmack des Pflegers, sowohl in moderne, als auch rustikale Wohnzimmereinrichtungen zu integrieren vermögen, was an den in diesem Buch abgebildeten Beispielen gut zu erkennen ist. Ein Paludarium muß also nicht in jedem Fall aus einem schlicht wirkenden Glaskörper bestehen, sondern kann auch als ein besonderes Möbelstück angesehen werden.

Ein Paludarium läßt dem Pfleger verschiedene Möglichkeiten offen, wie intensiv dieser sich mit den tropischen Wasser-, Sumpf- und Landpflanzen auseinandersetzen möchte. Das Spektrum geht von der Pflege über einfache Zimmerpflanzen, bis hin zum moosbewachsenen Astwerk eines Epiphytenstamms, auf dem Bromelien und Orchideen gedeihen. Beschränkt man sich auf genügsame Bromelien- und Orchideenarten, kann auch ein noch unerfahrener Pfleger in sehr kurzer Zeit einen üppigen Tropenwald sein Eigen nennen. Weiterhin können in einem Paludarium viele als Aquarienpflanzen angebotene Sumpfpflanzen über die Wasseroberfläche hinauswachsen und

ihre prächtigen Blüten entfalten. Es ist dann auch die sumpfige Atmosphäre, die von einem Paludarium ausgeht und die wohl zu der etwas eigenartigen Namensgebung führte. Der aus dem Lateinischen stammende Begriff „palus" bedeutet Sumpf und wurde mit dem ebenfalls aus dem Lateinischen stammenden Wort Aquarium kombiniert - was frei übersetzt soviel wie Sumpfaquarium bedeutet. Heutzutage steht der Begriff Paludarien für alle Typen von Aquaterrarien, in denen hauptsächlich Fische gepflegt werden.

Verständlicherweise kann der Inhalt des vorliegenden Buchs aus Platzgründen nicht auf alle hier behandelten Themenkreise gleichermaßen vertiefend eingehen, jedoch werden im Literaturverzeichnis weitere Bücher zum Thema erwähnt, die zu lesen es sich lohnt. Besondere Aufmerksamkeit in diesem Buch wird jedoch der tropischen Welt im Kleinen geschenkt. Das heißt, Moose und kleinwüchsige Farne, Bromelien und Orchideen - wie auch deren harmonische Plazierung - werden eingehend behandelt. Dagegen können die benötigten Grundkenntnisse über die Pflege von Fischen leider nur beschränkt behandelt werden. In erster Linie werden vor allem jene Aspekte angesprochen, die den Aufbau und Unterhalt von Paludarien betreffen - doch steht für die vernachlässigten Themenkreise eine Vielzahl anderer hervorragender Fachbücher zur Verfügung.

Die Pflege eines Paludariums ist im Grunde eine spezielle Form der Aquaristik. Wären da nicht die Besonderheiten, könnte auch von einem Aquaterrarium gesprochen werden. Ein Paludarium besteht also aus einem Wasserteil, der für Fische ausgelegt ist und einem Landteil, der vorwiegend den Pflanzen vorbehalten sein sollte.

> **Tip:** Unter bestimmten Voraussetzungen können auf dem Landteil auch ausgewählte, an das Land gebundene Tierarten gepflegt werden.

In einem Paludarium kann ein, den natürlichen Gegebenheiten entsprechender, tropischer oder sogar subtropischer Gewässerabschnitt, über die Wasseroberfläche hin verlaufend, imitiert werden. So entsteht für den Betrachter ein Gesamtbild, das ihm nicht nur die Unterwasserwelt offenbart, sondern auch die mit dem Wasserkörper in Verbindung stehende Landpartie näher bringt. Bei einem Aquarium kaum wahrgenommen, vermag bei einem Paludarium die trennende Wasseroberfläche als Begrenzung zweier so unterschiedlicher Lebensräume auf besondere Weise zu faszinieren. Die Unterwasserwelt wird plötzlich mit ganz anderen Augen wahrgenommen und es fällt auf, daß die Fische, auch wenn sie an ihr angestammtes Element gebunden sind, doch in direkter Abhängigkeit zur „Außenwelt" stehen. In der Natur fallen Blütenstaub oder Insekten auf die Wasseroberfläche und dienen manchen Fischarten als Nahrung. Im Paludarium

Ein Paludarium bietet die Möglichkeit neben den Fischen auch tropische Landpflanzen zu pflegen. Selbst bei einem spärlichen Pflanzenbewuchs im Wasserteil wird in einem Paludarium das üppige Grün des Landteils einen faszinierenden Anblick bieten.

blühen ebenso wie in der Natur gewisse Pflanzenarten und es ist zu beobachten, daß die Fische allerlei feinste, herabfallende Nahrungsbestandteile von der Wasseroberfläche aufnehmen. Außerdem können die Fische in einem Paludarium auch von oben gut beobachtet werden. Damit erschließen sich dem Betrachter ganz neue Einblicke in das Leben der Fische, die in einem konventionellen Aquarium kaum möglich sind. Das kann zum Beispiel ein Schaumnest von Labyrinthfischen sein, welches hoch über die Wasseroberfläche hinausragt und trotz seiner filigranen Bauweise eine beachtliche Stabilität aufweist. Von oben betrachtet, wird dem Pfleger auch erst richtig bewußt, welchen beträchtlichen Umfang solch ein Schaumnest einnehmen kann und wieviel Anstrengungen für den Fisch nötig sind, um ein solch kunstvolles und kompaktes Gebilde zu erstellen.

Nicht ohne Grund wird ein Paludarium auch Sumpfaquarium genannt. Die fließend ineinander übergehenden Zonen, vom tiefen Wasser, über den Ufer- und Sumpfbereich, bis zum angrenzenden Landteil können in den verschiedensten Variationen angelegt werden.

Achtung: Auch im Paludarium können natürliche Gewässerabschnitte nachgebildet werden, an die sich bestimmte Fischarten im Laufe ihrer Entwicklungsgeschichte angepaßt haben.

Fischarten, die sich in der Natur in seichten Gewässern aufhalten, finden in einem Paludarium einen optimalen Lebensraum. Beispielsweise halten sich viele kleinwüchsige Labyrinthfischarten gerne im tieferen freien Schwimmraum eines Aquariums auf - zur Fortpflanzung suchen sie jedoch mit Vorliebe die angrenzende Sumpfzone in einem Paludarium auf. Manche Fischarten sollten - wenn überhaupt - nur in einem Paludarium gepflegt werden. Dies sind die Schlammspringer, die Schützenfische, aber auch die, durch ihre Lebensweise an die Wasseroberfläche gebundenen Arten, wie Beilbauchfische oder die bizarr wirkenden Schmetterlingsfische.

Kauf eines Paludariums

Der steigenden Popularität wegen, bieten heute verschiedene Hersteller vorgefertigte Paludarien an. Natürlich kann ein Paludarium auch nachWünschen des Kunden in speziellen Maßen angefertigt werden. Dies kann sich lohnen, wenn beispielsweise eine bestimmte Konstruktionstiefe erwünscht ist.

Tip: Je tiefer ein Paludarium ist, um so mehr Platz steht den Landpflanzen zur Verfügung.

Durch den ausreichenden Raum, der nicht vollständig von den Landpflanzen benötigt wird, gelangt auch noch genügend Licht für die Wasserpflanzen in die unteren Wasserschichten. Sofern ein Paludarium als Sonderanfertigung in Auftrag gegeben wird, ist darauf zu achten, daß auf der Rückseite ausreichend große Bohrungen im Glaskörper vorhanden sind. Diese dienen zum Einbringen der technischen Gerätschaften, beziehungsweise dem Durchziehen der Kabelanschlüsse. Dafür muß ausreichend Platz für einige Kabel einberechnet werden und zudem noch Raum für den Stecker vorhanden sein. Paludarien können leider nicht in jeder beliebigen Größe gekauft werden. Es ist zu bedenken, daß Paludarien mit ihren beachtlichen Ausmaßen bei der Anlieferung auch noch durch das Treppenhaus und die Wohnungstüren transportiert werden müssen. Erschwerend für den Transport ist auch das Gewicht der Glasscheiben. Um die gewünschte Stabilität zu gewährleisten, haben die gängigen Paludarienmo-

delle dicke Glascheiben, in einer Stärke von 8 bis 12 mm und mehr. Möchte man trotzdem ein etwas größeres Paludarium kaufen, besteht die Möglichkeit, den Wasserteil und den Landteil getrennt anfertigen zu lassen. Der Wasserteil besteht dann im Prinzip aus einem normalen Aquarium und der Landteil aus einem Terrariumoberteil ohne Boden. Damit beide Glaskörper rutschfest aufeinandermontiert werden können, müssen die beiden paßgenau hergestellten Glaskörper mit einer Silikonschicht zusammengeklebt werden. Dies verhindert auch, daß Feuchtigkeit zwischen den Fugen hindurchdringt und außen herunterrinnt. Es versteht sich wohl von selbst, daß für solche Paludarien, mit Seitenlängen von 1 bis 2 m, auch der Unterbau entsprechend massiv sein muß. Gängige Aquarienunterschränke können nicht in jedem Fall die nötige Stabilität gewährleisten. Allenfalls muß für ein größeres Paludarium auch ein spezieller Unterschrank bestellt werden. Die im Handel erhältlichen Paludarien haben eine Seitenlänge um einen Meter. Aber auch kleinere Konstruktionen können noch ausreichend Raum für Fische und Landpflanzen bieten. Zum Sammeln der ersten Erfahrungen empfiehlt es sich, eine Konstruktion von etwa 1 m Seitenlänge und 50 cm Tiefe zu erwerben. Der Wasserteil sollte etwa rund 40 bis 50 cm und der Landteil um 50 bis 70 cm hoch sein.

Grundsätzlich lassen sich zwei Paludarienarten unterscheiden. Das sind zum einen Paludarien mit Frontscheiben und zum anderen solche ohne Frontscheiben vor dem Landteil. Jene Paludarien, die über Frontscheiben verfügen, eignen sich in erster Linie für die Pflege von feuchtigkeitsliebenden Landpflanzen. Dies können Bromelien, beziehungsweise Tillandsien und Orchideen, aber auch Farngewächse sein. Um ein Beschlagen der Glasscheiben zu vermeiden, benötigen sie aber eine luftzirkulationsfördernde Vorrichtung. Ähnlich wie bei Terrarien wird unterhalb der Schiebetüren und am hintern Teil der Paludariumdecke ein Drahtgitter zur Luftzirkulation angebracht. Somit kann die unten eintretende Luft, welche sich im Paludarium erwärmt, an den Frontscheiben entlang streichen und oben wieder austreten. Gleichzeitig wird die

Um eine solche schöne Bepflanzung im Paludarium unterbringen zu können, ist eine Höhe des Landteils von mindestens 70 cm notwendig.

Ein Urwaldpaludarium verfügt über einen geräumigen Landteil. Erdorchideen und Farne sowie andere tropische Landpflanzen gedeihen in einem Urwaldpaludarium besonders prächtig. Im Vergleich zum Landteil nimmt der Wasserteil eine kleinere Grundfläche ein, dafür können auch sehr gut andere Tierarten zusammen mit Fischen gepflegt werden. Foto: Paul Amrein

Restfeuchtigkeit an den Scheiben aufgenommen und weggeführt.

> **Tip:** Die als Zimmerpflanzen kultivierten Tropengewächse gedeihen hervorragend in einem Paludarium ohne Frontscheiben.

Fehlen Frontscheiben, gedeihen viele interessante und schön anzuschauende Bromelien- und Orchideenarten bedauerlicherweise nur unzureichend. Unter den gängigen Arten, die für das Wohnzimmer gezüchtet wurden, finden sich jedoch gute Alternativen für eine attraktive Bepflanzung.

Die verschiedenen Paludarientypen

Die Gestaltungsmöglichkeiten für Paludarien sind beinahe grenzenlos. Nachfolgend erwähnte Beispiele der verschiedenen Paludarientypen geben daher nur einen groben Einblick in die Vielfalt an Lebensräumen, die nachempfunden werden können. Selbstverständlich lassen sich bei manchen der hier genannten Typen auch Mischformen realisieren.

> **Als Vorbild zur Einrichtung eines Paludariums dient lediglich der jeweils natürliche Lebensraum von Fischen mit der entsprechenden Umgebung der Uferregion.**

Urwaldpaludarium

Der bekannteste Paludariumtyp ist wohl das Urwaldpaludarium. Selbst unter dem dichten Blätterdach des tropischen Urwalds finden sich viele langsam fließen-

de oder stehende Gewässer. Diese stehen ganz oder nur zu bestimmten Jahreszeiten in Verbindung mit größeren Flüssen. Viele solcher Kleinstgewässer können während der Trockenzeit sogar austrocknen. Trotzdem finden sich in ihnen Fische, die vor allem in diesen meist seichten Gewässern leben. An manchen Orten, wie zum Beispiel in den Überschwemmungszonen des Amazonas, werden bekanntlich auch während der Regenzeit große Waldflächen unter Wasser gesetzt und bilden so einen immer wiederkeh-

renden, von den Fischen umgehend in Beschlag genommenen Lebensraum.

Im Urwaldpaludarium können die Epiphytenstämme, die über dem Wasserteil aufgehängt werden, sozusagen die oberste Etage des Urwalds widerspiegeln. Auf dem Bodengrund des Aquariums liegt zum Beispiel Laub, welches zusammen mit dem eingebrachten Astgewirr oder Moorkienholzwurzeln ideale Versteckmöglichkeiten für die Fische bereitstellen. Zusätzlich lassen sich auch noch einige Aquarienpflanzen einbringen, welche mit den bescheidenen Lichtverhältnissen zurecht kommen können. Im Besonderen die Wasserkelche, *Cryptocoryne*-Arten wachsen auch noch bei bescheidenen Lichtverhältnissen zufriedenstellend. Im Urwaldpaludarium - welches über einen Landteil verfügt - können aber auch Topfpflanzen, die in Blähton eingepflanzt sind, direkt in den Wasserteil eingehängt werden. Die Wurzeln solcher Topfpflanzen erhalten dann, ähnlich wie bei einer Hydrokultur, das Wasser und die Nährstoffe aus dem Wasserteil. Zugleich werden so überschüssige Nährstoffe aus dem Wasser entfernt, was sich positiv auf die Gesundhaltung der Fische auswirken kann. Der Landteil des Urwaldpaludariums bemißt sich nach den gewünschten Landpflanzenarten und einer allenfalls zusätzlich zu den Fischen gepflegten, an den Landteil gebundenen Tierart. Der Landteil wird mittels einer mit Silikon eingeklebten Glasscheibe vom Wasserteil getrennt. Auf dem so „trocken" gehaltenen Boden können zum Beispiel Erdorchideen eingepflanzt und je nach Bedarf mit Gießwasser versorgt werden. Durch den fehlenden Gießwasserablauf ist jedoch Vorsicht bei den Wassergaben geboten. Schnell kann das Bodenmaterial, wenn Staunässe entsteht, in Fäulnis übergehen. Selbstverständlich kann der Landteil auch in Form einer Hydrokultur angelegt sein. Damit durch die eingeklebte Glasscheibe nicht das dahinterlie-

Das Uferpaludarium hat keinen oder einen nur sehr kleinen Landteil. Die Uferpartie wird mit der Rückwand gebildet. Neben den Wasser- und Sumpfpflanzen besteht die Bepflanzung in der Hauptsache aus epiphytisch wachsenden tropischen Pflanzen.

gende Substrat der Landpflanzen zu sehen ist, ist dieses mit einer Rückwand oder einem selbst errichteten Steinaufbau zu kaschieren.

Beim Aufbau der Pflanzenetagen, wie die in Bodennähe wachsenden Zimmerpflanzen und den allenfalls plazierten Epiphytenstämmen, ist natürlich darauf zu achten, daß sich die Pflanzen, bezüglich ihres Lichtbedarfs nicht gegenseitig konkurrieren. Dasselbe gilt auch für die zuunterst liegenden Wasserpflanzen, die ebenfalls noch einen bestimmten Lichtanteil für ihr Wachstum benötigen.

Uferpaludarium

Wie der Name schon besagt, wird im Uferpaludarium die Uferzone eines natürlichen Gewässers möglichst naturgetreu nachgebildet. Über dem Bereich des ufernahen, mehr oder weniger steil ansteigenden Bodengrunds, leben in der Natur sehr viele der in Aquarien gepflegten Fischarten. Im Gewirr freigelegter Wurzelstöcke der Bäume oder im Sumpfpflanzendickicht, finden sich viele Verstecke für Jungfische oder kleinere Fischarten. Zudem hängt das Blattwerk der Ufervegetation bis unter die Wasseroberfläche und bildet zusammen mit den überall vorhandenen Sumpfpflanzen oder Laub- und Geästansammlungen einen idealen schutzbietenden Lebensraum.

Das Uferpaludarium verfügt über keinen eigentlichen Landteil. Das steil aufstrebende Ufer, in Form von Steinaufbauten oder Moorkienwurzeln, wird nur von einer dahinterliegenden Rückwand gebildet. Dafür haben jedoch die Fische um so mehr Raum für sich. Im Wasser sind es die Moorkienwurzeln und die Steinaufbauten welche tragende Gestaltungselemente des Uferpaludariums darstellen. Der Landteil hingegen wird vorwiegend durch die aufgehängten oder an einer Rückwand befestigten Epiphytenstämme dominiert. Allenfalls bereichert durch in kleine Töpfchen gepflanzte *Ficus pumila*. Die Töpfchen werden ebenfalls an der Rückwand befestigt oder in Verästelungen der Epiphytenstämme verankert. Darüberhinaus bietet sich die Möglichkeit verschiedene, kleinwüchsige Grünpflanzen in einer mit Pflanzennischen

versehenen Rückwand einzusetzen. Damit die gesamte Rückwand - im und über dem Wasser - das Gewicht der Pflanzenvielfalt überhaupt tragen kann, ist es unerläßlich, diese mit Silikon an die rückseitige Glaswand des Paludariums anzukleben. Auch die Epiphytenstämme müssen fest mit Schrauben oder Draht an der Rückwand befestigt werden. Eine Rückwand kann aus einem Stück bestehen und vom Wasserteil nahtlos bis zum Landteil verlaufen. Es ist aber auch denkbar beim Uferpaludarium im Wasserteil ein anderes Material als Rückwand zu verwenden als für den Landteil.

Bepflanzungsziel eines Uferpaludariums ist es, mit den geschickt arrangierten Wasser- und Landpflanzen einen im hinteren Bereich angelegten undurchdringlichen Pflanzendschungel zu erreichen. Im Wasserteil sind es dann im Speziellen das Zwergspeerblatt und der Javafarn, welche gleich unter den Landpflanzen noch ausreichend Licht zur Verfügung haben, um diesen Effekt zu erzielen.

> **Der Betrachter soll den Eindruck erhalten, vor einer grünen Wand zu stehen.**

Unterbrochen wird diese durch nach vorne verlaufende Moorkienwurzeln im Wasserbereich und einigen hervorstehenden Epiphytenstämmen über dem Wasserspiegel. In diesem Uferbereich finden die Fische ausreichend Versteckmöglichkeiten. Zudem wird durch die über dem Wasserspiegel wachsenden Landpflanzen eine schwach beleuchtete Randzone gebildet. Sozusagen im Schatten der Landpflanzen halten sich dann vor allem die scheuen Fischarten auf, welche zu grelle Lichtverhältnisse im Aquarium ohnehin nicht schätzen. Die ins Wasser hinabhängenden Landpflanzen hingegen stellen zum Beispiel den Spritzsalmlern, *Copella arnoldi,* das benötigte Substrat zum Ablaichen bereit. Auch anhand dieses Beispiels wird es deutlich, daß ein normales Aquarium für gewisse Fischarten eben nur einen halben Lebensraum darstellt.

Sumpfpaludarium

Ein Sumpfpaludarium stellt etwas ganz besonderes dar. In ihm wird eine seich-te Wasserzone nachempfunden. Sumpf-gebiete machen flächenmäßig einen großen Bestandteil der Fischbiotope in den Tropen aus. Zwischen den Pflanzen-stengeln, aber auch unter den soge-nannten schwimmenden Inseln, die durch Schwimmpflanzen gebildet wer-den, ist eine enorme Populationsdichte verschiedenster kleinerer Fischarten zu beobachten. Geschützt vor großen Raub-fischen und verhältnismäßig sicher vor fischfressenden Vögeln, können so zum Beispiel in Südamerika, auf wenigen Qua-dratmetern die unterschiedlichsten Fisch-arten vorkommen. Bekannteste Vertreter solcher kleinwüchsiger Fische sind wohl

Im Sumpfpalu-darium gedei-hen vor allem Sumpfpflanzen im Wasserteil. Der Wasser-stand ist niedrig und beträgt etwa 20 cm. Dennoch kön-nen viele klein-wüchsige Fisch-arten sehr gut darin gepflegt werden.

die Zwergbuntbarsche der Gattung *Apistogramma*.

Entsprechend dem natürlichen Vorbild hat ein Sumpfpaludarium einen geringen Wasserstand von gerade nur 20 bis 30 cm. Als Bepflanzung kommen die Wasserkelche und *Echinodorus*-Arten besonders zur Geltung. Als Sumpfpflanzen gedeihen sie auch über den Wasserspiegel herausragend sehr prächtig und erfreuen das Auge des Betrachters durch ihre fantastischen Blütenstände.

Tip: Durch das Anlegen von Terrassen erreicht man verschiedene Wassertiefen, von der maximalen Tiefe bis zu wenigen Zentimetern Wasserstand.

Dadurch können verschiedene Sumpfpflanzen optimal gedeihen, da diese - je nach Art - verschiedene Wasserstände für ihr Wachstum benötigen. Die Wasserkelche verlangen einen Wasserstand von etwa 0 bis 5 cm, einige *Echinodurus*-Arten sprießen dagegen auch noch bei 10 bis 30 cm Wassertiefe über die Ober

fläche hinaus und bilden bei ausreichendem Licht kleine, zartwirkende Blüten. Neben den bekannten Sumpfpflanzen fürs Aquarium können aber auch Sumpfgräser als Bepflanzung infrage kommen. Selbst das Einbringen von senkrecht in den Bodengrund gesteckten Bambusrohren - als Dekorationsmaterial - erweckt den Eindruck eines Sumpfgebiets.

Zwischen dem Pflanzendickicht im Niedrigwasser fühlen sich besoders die kleineren Labyrinthfischarten wohl. Ist der Pflanzenbestand ausreichend dicht und die Grundfläche des Paludariums nicht zu knapp bemessen, können beispielsweise auch von den eher aggressiven Kampffischarten gleich mehrere Paare nebeneinander erfolgreich gepflegt werden.

Bachpaludarium

Ein Bachpaludarium ist im Grunde eine Mischung zwischen Urwald- und Sumpfpaludarium. Offensichtlichster Unterschied zu den beiden anderen Typen ist eine schwache, bewußt herbeigeführte

Strömung im Wasserteil. In entsprechenden tropischen Bächen leben jene Fische, die sauberes und sauerstoffreiches Wasser benötigen. Beispielsweise finden sich unter den kleineren Regenbogenfischen etliche Arten, die sich in einem Bachpaludarium wohl fühlen. Zur ausreichenden Sauerstoffversorgung ist der Filtereinlauf so zu montieren, daß sich die Wasseroberfläche leicht bewegt. Gegebenenfalls kann auch ein Luftausströmer montiert werden.

Flußpaludarium

Schnellfließende Flüsse oder gar stromschnellenartige Gewässerabschnitte gehören ebenso zu den Lebensräumen vieler Aquarienfische. Diese Fische sind es gewohnt, gegen die starke Strömung anzuschwimmen. Selbst die Vermehrung findet bei vielen Arten im scheinbar unwirklichen Lebensraum statt.

Im Flußpaludarium wird die benötigte Strömung mit sehr leistungsstarken Pumpen erzeugt. Der Filterauslauf wird auch bei diesem Typ so montiert, daß eine starke Oberflächenbewegung im Wasser entsteht. Der Plazierung des Filtereinlaufs ist allerdings einige Beachtung zu schenken. Damit die Fische nicht von der Ansaugöffnung erfaßt werden können, ist die Filtereinlauföffnung in einer speziellen Kammer unterzubringen. Diese wird im Wasserteil auf der gegenüberliegenden Seite des Auslaufs mit Silikon direkt auf den Paludariumboden geklebt. Das vom Filter angesaugte Wasser dringt nun im Sinne eines Überfalls über die Oberkante in die Kammer. Um zu vermeiden, daß Fische in die Ansaugkammer geraten, wird diese im oberen Bereich mit einem feinmaschigen Gitter von rund 10 cm Höhe versehen. So kann genügend Wasser in die Ansaugkammer nachfließen und es entstehen so auch keine Probleme, wenn durch die langsame Verdunstung der Wasserstand um einige Zentimeter sinkt. Einziger Nachteil dieser Methode ist eine regelmäßig notwendige Kontrolle, ob sich Schmutzpartikel im Gitter verfangen haben und ein Nachfließen des Wassers in die Kammer behindern. Ansonsten könnte der Filter plötzlich leerlaufen.

Hauptgestaltungselement in einem Flußpaludarium sollten kleinere und größere Steine sein, die zu unregelmäßig angeordneten „Felsformationen" aufgeschichtet werden.

> **Achtung:** Steinaufbauten müssen fest ineinander verankert werden oder gegebenenfalls sogar mit Silikon verklebt werden.

Nicht daß sie etwa plötzlich verrutschen können und in sich zusammenfallen. Sozusagen im „Strömungsschatten" dieser Steinaufbauten finden die Fische Ruhe, um nicht stetig gegen die Strömung anschwimmen zu müssen. In diesen strömungsfreien Zonen legen manche Fischarten ihre Brutreviere an. Aus den Gattungen *Crenicichla* und *Teleopichla* sind diverse Arten bekannt, die im schnellfließenden Wasser leben und in einem Flußpaludarium eine artgerechte Pflege erfahren.

In einem Mangrovenpaludarium oder einem Küstenpaludarium werden Brackwasserfische gepflegt. Es wäre aber auch denkbar ein Meerwasseraquarium in Form eines Paludariums anzulegen.

Mangrovenpaludarium

Das Mangroven- oder auch Brackwasserpaludarium ist das Bindeglied zwischen der Süß- und Meerwasseraquaristik. Im Grunde wird ein Brackwasserpaludarium genau wie ein Süßwasseraquarium betrieben. Allerdings ist die Pflege eines Brackwasserpaludariums auch vom Salzgehalt des Wassers abhängig. Oder anders ausgedrückt: Brackwasserfische sind nicht gleich Brackwasserfische. Im Fachhandel werden echte Brackwasserfische eher selten angeboten. Als Beispiel: Die Blaurücken-Blauaugen, *Pseudomugil cyanodorsalis,* leben ausschließlich im Brackwasser. Sie benötigen für eine dauerhafte Pflege anteilsmäßig zwei Drittel Süßwasser und ein Drittel Salzwasser. Zu den echten Brackwasserfischen zählen auch die Schützenfische. Dagegen ist für das Wohl-

befinden der meisten im Fachhandel als Süßwasserkugelfische angebotenen Arten, ein leicht erhöhter Salzgehalt von rund 5 % durchaus zu empfehlen. Wieder andere Arten, wie die Silberflossenblätter, *Monddactylus argenteus,* und beispielsweise der Argusfisch, *Scatophagus tetracanthus,* leben nur im Jugendstadium im Brackwasser. Die erwachsenen Fische dieser und vieler anderer Arten leben dagegen im offenen Meer. Mit zunehmendem Alter muß also bei diesen Arten der Salzgehalt bis in den Bereich Meerwasser angehoben werden. Ob dann auch ein Eiweißabschäumer montiert werden muß, hängt weitgehend auch vom weiteren Tierbesatz im Meerwasseraquarium und von der Anzahl der gepflegten Fische ab.

Nebenbei bemerkt: Das Filtermaterial darf stets nur mit Wasser gespült werden, welches den gleichen Salzgehalt wie jenes im Aquarium aufweist.

Ansonsten nehmen die auf dem Filtermaterial lebenden wasserklärenden Bakterien Schaden. Eine Reinigung des Filtermaterials kann zum Beispiel beim Teilwasserwechsel mit dem abgelassenen Wasser erfolgen. Werden Brackwasserfische im Handel erworben, ist als erstes nach dem Salzgehalt zu fragen, in dem die Fische bisher gepflegt wurden. Nichts wäre für die Fische schlimmer, als einem plötzlich wechselnden Salzgehalt ausgesetzt zu sein. Der Salzgehalt des Wasser läßt sich mit einem Aräometer ermitteln. Die Pflege von Wasserpflanzen ist im Brackwasserpaludarium kaum möglich. Jedoch können bei sehr niedrigem Salzgehalt einige Wasserpflanzenarten durchaus noch gedeihen. Bei sehr hohem Salzgehalt kann ein Versuch unternommen werden, gewisse Algenarten, wie *Caulerpa,* einzubringen. Als Bodengrund dient auch im Brackwasserpaludarium ein Korallensand, wie er für die Meerwasseraquarien verwendet wird. Das Dekorationsmaterial besteht, in Ermangelung an geeigneten Pflanzen, in der Haupsache aus Steinen und Moorkienwurzeln.

> **Tip:** Für ausreichend Grün im Brackwasserpaludarium sorgen die Landpflanzen über dem Wasserspiegel.

Küstenpaludarium

Selbst ein Meerwasserlebensraum kann in einem Paludarium nachgebildet werden. Manche Krabbenarten und Schlammspringer leben in Küstenregionen und gehen gerne an Land. Wobei die Schlammspringer im Brackwasser der Mangrovensümpfe, beziehungsweise in den Gezeitenzonen des Brackwassers vor-

kommen. Diese beiden Tiergruppen benötigen eine große, flachauslaufende Uferzone, die mit einigen Steinen attraktiver gestaltet werden kann. Als Bepflanzung für den Landteil kommen verhältnismäßig wenige Pflanzen infrage. Es kann versucht werden, jene Gräser- oder Sukkulenten, die auch in Küstenregionen wachsen, auf einem erhöhten, trockenen Standort zu kultivieren. Im Küstenpaludarium wird -je nach gepflegter Tierart- ebenfalls mit dem Filtersystem eine leichte Strömung erzeugt, welche sozusagen den Wellenschlag nachahmen soll.

Um eine flach ansteigende Küstenzone zu bilden, kann der sandige- oder kiesähnliche Bodengrund aufgeschüttet und mit einigen Steinen am langsamen Abrutschen gehindert werden. Eine solche Uferzone kann jedoch auch mit selbst erstellten, gebrannten Tonelementen aufgebaut werden. In Töpfereien ist auch „weißer" Ton erhältlich, der nach dem Brennen einen leicht beigen Farbton aufweist, was farblich sehr gut zum Korallensand paßt. Der Bodengrund kann dann in einer dünnen Schicht auch an der höchsten Stelle der Landzone noch ausreichend haften bleiben. Die Tonelemente können beispielsweise aus etwa 3 cm starken Platten bestehen, die auf zwei oder mehr Tonkeilen, welche die gewünschte Steigung ergeben, aufgelegt werden. Der darunter liegende Raum kann unter Umständen auch zur Unterbringung des Filters dienen.

Die Technik rund ums Paludarium

Die Anforderungen der Technik für den Einatz im Paludarium entsprechen jenen eines normalen Aquariums. Je nach Gegebenheiten gibt es jedoch einige Besonderheiten zu beachten. Die Auswahl der Technik richtet sich hauptsächlich nach den Fisch- und Pflanzenarten, die gepflegt werden möchten. Zudem nehmen Besatzdichte der Fische und außerdem weitere im Paludarium gepflegte Tierarten einen Einfluß auf die Technik. Das heißt, daß je nach den anfallenden Körperausscheidungen der Tiere, ein mehr oder weniger leistungsstarkes Filtersystem benötigt wird. So verschmutzen zum Beispiel Wasserschildkröten, die mit gewissen Einschränkungen ebenfalls in einem Paludarium gepflegt werden können, das Wasser erheblich.

Das vorliegende Buch soll kein Nachschlagewerk für die Einrichtung eines Aquariums oder Terrariums sein. Dafür gibt es genügend andere, sehr gute Bücher. Dagegen werden die wichtigsten technischen Gerätschaften und zum Teil auch ihre Vor- und Nachteile für den Einsatz im Paludarium erwähnt. Auch würde es den Rahmen des vorliegenden Buchs bei weitem sprengen, auf detailliertere Angaben zu den technischen Anforderungen, zur Pflege der hier erwähnten Tierarten einwandfrei Stellung zu nehmen.

Werden als Beleuchtungskörper HQI-Lampen eingesetzt, erhalten auch die tieferen Wasserschichten ausreichend Licht. So lassen sich auch lichtbedürftigere Wasserpflanzen gut kultivieren.

Dies bedingt auch eine gewissenhafte Abklärung über die Anforderungen an den künstlichen Lebensraum und Bedürfnisse der jeweiligen Tiere. Doch Vorsicht! Gerade wenn im Zusammenhang mit Tiergemeinschaften, die im Paludarium gepflegt werden können, die Rede ist, gilt es zu bedenken, daß nur verschiedene Tierarten mit ähnlichen Ansprüchen an ihren Ledensraum miteinander vergesellschaftet werden können.

Die Beleuchtung

Der Beleuchtung kommt im Paludarium eine zentrale Aufgabe zu. Von der Art und Montage der Beleuchtung hängt es weitgehend ab, welche Tier- und Pflanzenarten gepflegt werden können. In erster Linie ist hier von der Beleuchtungsintensität und der Wärmefreigabe der jeweiligen Lampentypen die Rede. Auf eine künstliche Beleuchtung von Paludarien kann, wie bei Aquarien, nicht verzichtet werden. Zugleich ist auf eine direkte Sonneneinstrahlung zu verzichten, obwohl dies für die Landpflanzen durchaus günstige Auswirkungen hätte. Unweigerlich würde dadurch auch das Algenwachstum im Wasserteil begünstigt. Wenige Stunden Morgen- oder Abendsonne können jedoch in der Regel keinen Schaden anrichten. Im Gegenteil - dies kommt den Landpflanzen und sicher auch den Wasserpflanzen zugute.

Doch bezieht sich dies auf die Verhältnisse in den Tropen. In unseren Breiten ist die Intensität der Sonneneinstrahlung weit geringer und auch mit einer zusätzlichen, künstlichen Beleuchtung reicht die Lichtmenge noch lange nicht für alle Arten aus, um sie zum Blühen zu bringen. So blühen zum Beispiel gewisse Orchideen nur sehr selten im Paludarium. Bei der Auswahl der Beleuchtungsart ist vor allem auf die Wärmefreigabe der Lampen zu achten. Leider kann in einem Paludarium, je nach Bauweise, nicht jede Beleuchtungsart infrage kommen. Wenn durch die erforderliche Lichtintensität die Hitzeentwicklung zu groß ist, nützt auch das hellste Licht nichts. Nicht zu vergessen ist auch, daß die Beleuchtung, je nach Einbauart, auch mit Spritzwasser in Berührung kommen kann. Bekanntlich liegt ja im Strom, der mit Wasser in Kontakt kommen kann, ein erhebliches Gefahrenpotential für den Pfleger. Deshalb dürfen nur Beleuchtungskörper verwendet werden, die ausschließlich für den Aquariengebrauch konzipiert wurden. Gegebenenfalls müssen die Beleuchtungskörper sogar „wasserdicht" sein, so daß sie auch beim Kontakt mit Spritzwasser keine Unfälle hervorrufen können.

Für die Beleuchtung eines Paludariums erzielen Leuchtstoffröhren bei geringem Stromverbrauch sehr gute Resultate. Bei verhältnismäßig hoher erzeugter Lichtmenge ist die Wärmefreigabe relativ niedrig. Leuchtstoffröhren gibt es zudem in verschiedenen Lichtfarben zu kaufen, so daß bei Bedarf auch verschiedene Lichtspektren miteinander kombiniert werden können. Für die Beleuchtung eines etwa einen Meter langen Paludariums, mit Höhen des Wasserteils um 40 bis 50 cm und rund 70 cm des Landteils, werden drei oder besser vier Leuchtstoffröhren benötigt.

Zur besseren Lichtverteilung dienen Reflektoren, die so noch genügend Licht

für die untersten Wasserschichten im Paludarium liefern. Die Leuchtstoffröhren können entweder über oder unterhalb der Paludariumdecke angebracht werden. Bei einer Montage über dem Glas sind normale Beleuchtungskörper, die auch für Aquarien üblicher-

weise Verwendung finden, vorzusehen. Werden dagegen die Leuchtstoffröhren innerhalb des Paludariums an die Deckenscheibe geklebt, müssen diese mit wasserfesten Lampenanschlüssen ausgestattet sein. Der wesentliche Unterschied bei einer Montage unter oder über der Deckenscheibe liegt bei der Einwirkung auf das Mikroklima im Paludarium. Werden die Leuchtstoffröhren über dem Paludarium aufgelegt, gedeihen vor allem feuchtigkeitsliebende Pflanzenarten hervorragend. Befinden sich die Leuchtstoffröhren innerhalb des Paludariums, hat dies beispielsweise einen günstigen Einfluß auf all jene silbriggrauen Tillandsienarten, welche mit kleinen „Schuppen" die Feuchtigkeit aufnehmen können. Dadurch, daß diese Tillandsienarten nach dem Besprühen mit Wasser durch die Wärmefreigabe der Leuchtstoffröhren schneller wieder abtrocknen können, verringert sich die Gefahr von „Fäulnisbildung" an den Blättern.

Achtung: **Auf gar keinen Fall darf die Beleuchtung im Paludarium eine Überhitzung der Luft herbeiführen, ansonsten könnten die Pflanzen absterben.**

Bei geschlossenen Paludarien, deren Landteile weniger als 1 m³ Raum und 60 cm Höhe aufweisen, ist auf ein Anbringen der Leuchtstoffröhren innerhalb des Glaskörpers zu verzichten. Zugegebenermassen können in einem mit Leuchtstoffröhren beleuchteten Paludarium besonders für die Landpflanzen optimale Lichtverhältnisse geschaffen werden.

Für die darunterliegenden Wasserpflanzen reicht das Licht gerade noch aus, um Javafarn, *Anubias,* Cryptocorynen und einigen anderen Wasserpflanzen ausreichend Licht zu liefern. Der Kompromiß der eingeschränkten Bepflanzunsmöglichkeiten ist wohl unumgänglich. Jedoch besteht bei größeren Paludarien die Möglichkeit, durch eine punktuelle Beleuchtung mit einem zusätzlichen Beleuchtungskörper hellere Zonen zu schaffen, damit auch lichtbedürftigere Wasserpflanzen gedeihen können.

Quecksilberdampfstrahler, auch HQL-Beleuchtung genannt, und ähnliche Beleuchtungsarten können bei größeren Paludarien eine echte Alternative zu den Leuchtstoffröhren darstellen. Selbst die kleinen Halogenstrahler können gute Dienste leisten. Die Schwierigkeiten dieser Beleuchtungsarten liegt jedoch in ihrer verhältnismäßig hohen Wärmefreigabe. Eine Anwendung innerhalb des Paludariums ist deshalb nicht uneingeschränkt zu empfehlen. Auch kann bei zu geringer Wassertiefe das helle Licht ein Algenwachstum begünstigen. Selbst eine Montage über dem Paludarium ist mit Problemen verbunden. Durch die Hitzeeinwirkung auf die Paludariendecke können gefährliche „Spannungen" im Glas entstehen. Deshalb ist ein ausreichender Abstand zum Glas einzuhalten, der jedoch bei der relativen Höhe eines Paludariums meist nicht mehr eingehalten werden kann. Einige Hersteller bieten jedoch ausgeklügelte Paludarium-Modelle an, die diesem Umstand ausreichend Rechnung tragen. Vom Selbstbau von Paludarien mit diesen Beleuchtungsarten kann bei fehlenden Erfahrungen nur abgeraten werden.

Wasserfilterung

In erster Linie ist die Filterung zur Sauberhaltung des Wassers gedacht. Durch die mechanische Wirkung der Filter werden Schwebstoffe beseitigt. Zusätzlich können die sich von selbst auf dem Filtermaterial ansiedelnden, wasserreinigenden Bakterien die anfallenden organischen Schadstoffe abbauen helfen. Der Filter erzeugt außerdem eine Strömung und dient so einer regelmäßigen Temperaturverteilung im Wasser. Weiterhin können Filterausläufe auch einen Wasserfall im Paludarium speisen. In diesem Zusammenhang ist jedoch darauf zu achten, daß die zu überbrückende Höhe bis zum Wasserfall nicht die maximale Förderhöhe der Pumpe überschreitet. Gegebenenfalls ist ein leistungsstarkes, und für die zu reinigende Wassermenge überdimensioniertes Filtersystem einzubauen. Werden zusammen mit den Fischen andere Tierarten gepflegt, hat die Filterleistung den anfallenden Schadstoffmengen zu entsprechen. Es besteht auch die Möglichkeit, mehrere Filtersysteme einzusetzen.

> **Hinweis: Zur Filterung des Wassers werden herkömmliche für Aquarien konzipierte Filtersysteme verwendet.**

Je nach Wassermenge und Fischbesatz können luftbetriebene Schaumstofffilter oder mit einer Wasserpumpe ausgerüstete Außen-, wie auch Innenfilter, infrage

Neben einem
Besprühen von
Hand zum
Regulieren der
Luftfeuchtig-
keit, kann im
Paludarium
auch künst-
licher Regen
erzeugt wer-
den. Blick in
den Technikbe-
reich unterhalb
eines Paludari-
ums. Über der
Druckerhö-
hungspumpe
ist der rote Kes-
sel des Puffer-
behälters zu
erkennen. Der
kleine rote
Kasten darüber
ist der Transfor-
mator für die
Bodenheizung.
Rechts davon
sind die Steuer-
und Meßeinhei-
ten des Paluda-
riums zu erken-
nen.

kommen. Die luftbetriebenen Schaum-stoffilter eignen sich zur Reinigung kleinerer Wassermengen. Zur Speisung eines Wasserfalls haben sich Außenfilter, wie die Topffilter bewährt. Zudem benötigen diese Filter keinen Raum im Wasserteil und können im Unterschrank verstaut werden. Bei den Innenfiltern hat der Pfleger dagegen einen guten Zugang von oben, um das Filtermaterial für die Reinigung zu entnehmen. Die Entscheidung, welches System nun das richtige ist, unterliegt nicht zuletzt auch dem Gutdünken des Pflegers. Im Prinzip sind alle auf dem Markt angebotenen Filtersysteme von renommierten Herstellern gleichermaßen gut für den Einsatz geeignet.

Die Heizung

Auf eine Heizung darf im Paludarium nicht verzichtet werden. Zum Einen benötigen die Fische eine artgerechte Wassertemperatur und zum Anderen hat das beheizte Wasser, zumindest im geschlossenen Paludarium, einen nicht unerheblichen Einfluß auf den darüberliegenden Luftraum. Das heißt, bei unbeheizten Paludarien beschlagen die Scheiben viel eher, als wenn die durch den erwärmten Wasserkörper aufsteigende Luft eine ausreichende Luftzirkulation gewährleistet.

Regelheizer, die für Aquarien gedacht sind, eignen sich auch für Paludarien.

> **Tip:** Manche Filterhersteller bieten auch Filtersysteme mit integriertem Heizer an, so entfällt eine optische Beeinträchtigung durch die Montage eines Heizers im Wasserteil.

Für die notwendige Beheizung des Landteils dürfen nur wasserdichte Produkte verwendet werden. Jedoch macht dies nur einen Sinn, wenn Terrarientiere nach einer zusätzlichen Bodenheizung verlangen. Ansonsten wird die Luft im geschlossenen Paludarium vom erwärmten Wasser temperiert, was für das Wohlbefinden mancher Tiere bereits ausreichend ist.

Kohlendioxiddüngung

Die Düngung der Wasserpflanzen mit gelöstem Kohlendioxid hat sich in der Aquaristik bewährt, denn vor allem die schnell wachsenden Wasserpflanzen benötigen es zum optimalen Wachstum. Auch zur Regulierung des pH-Werts kann

die CO_2-Zugabe genutzt werden. Diese Technik kann selbstverständlich auch im Paludarium genutzt werden. Irrtümlich wird von manchen Aquarianern angenommen, das CO_2 könne in höheren Konzentrationen schädlich sein, was jedoch nicht zutrifft. Allerdings kann sich bei einer ungenügenden Durchlüftung im Aquarium eine Schicht höherer CO_2-Konzentration über der Wasseroberfläche bilden, wodurch die Atmung der Tiere, die aus der Luft Sauerstoff aufnehmen, stark behindert wird. Die CO_2-Zufuhr muß also optimal reguliert sein und im Falle eines CO_2-Überschusses ist eine gute Luftumwälzung im Paludarium wichtig.

Ozon

Anders verhält es sich mit der Ozonbehandlung zur Desinfektion. Ozon ist chemisch sehr aktiv, oxidiert schädliche chemische Substanzen und schädigt unerwünschte Mikroorganismen. Falls Ozon allerding in zu großer Menge austritt, ist es für Pflanzen und Tiere sehr schädlich. Auf die Ozonbehandlung sollte deshalb im Paludarium verzichtet werden.

Regulierung der Luftfeuchtigkeit

Wichtig ist eine Regulierung der Luftfeuchtigkeit und eine zusätzliche Feuchtigkeitszufuhr für die Landpflanzen, was besonders für die Epiphytenstämme gilt. Es ist nötig, daß der vorhandene Feuchtigkeitsanteil im Landteil einem permanenten Wechsel unterliegt. Sonst fänden Schimmelpilze einen optimalen Nährboden auf Einrichtungsgegenständen und abgestorbenen Pflanzenteilen.

Zudem könnten allerlei Pilzkrankeiten die Landpflanzen befallen. In einem geschlossenen Paludarium finden sich wohl immer an einigen Stellen, an abgestorbenen Pflanzenteilen, Schimmelpilze. Sofern sie nicht überhand nehmen, ist dies ein natürlicher Prozeß, gegen den überhaupt nichts einzuwenden ist.

Achtung: Die epiphytisch wachsenden Landpflanzen müssen regelmäßig besprüht werden.

Die Sprühintervalle richten sich nach Art der Pflanzen und der Pflanzendichte, welche das Mikroklima maßgeblich steuert. Das Besprühen von Hand, mit einem für die Zimmerpflanzenpflege vorgesehenen Sprühgerät hat den Vorteil, daß der Pfleger den Feuchtigkeitsbedarf seiner Pflanzen genauestens steuern kann, indem jene Pflanzen, die mehr Feuchtigkeit verlangen, intensiver besprüht werden können. Ein tropischer Regen kann aber auch mit entsprechenden Gerätschaften simuliert werden. In den Schauhäusern von Botanischen Gärten übernehmen Nebelmaschinen diese Aufgaben. Dabei wird durch eine Membrane das Wasser in feinste Teilchen getrennt und sinkt als dichter Nebel in den Pflanzendschungel herab.

Hinweis: Nebelgeräte gibt es auch in kleineren Ausführungen, die im spezialisierten Fachhandel erhältlich sind, sie sind hervorragend für Paludarien geeignet.

Außerdem können die in Haushaltgeschäften angebotenen Kaltluftreiniger als

Nebelmaschinen für das Paludarium im Eigenbau umgebaut werden. Dafür wird lediglich ein flexibler Kunststoffschlauch, wie er beispielsweise bei Staubsaugern zu finden ist, benötigt. Der Schlauch wird vor dem Ausströmer des Kaltluftreinigers paßgenau aufgesetzt und senkrecht nach unten ins Paludarium geführt. Der Kaltluftreiniger selbst wird direkt auf dem Paludarium aufgestellt, damit der Nebel einen möglich kurzen Weg im Schlauch zurücklegen muß. Der so erzeugte kalte Nebel hat die Eigenschaft, nach unten zu sinken und kann somit die Pflanzen mit Feuchtigkeit versorgen. Der Wassertank des Kaltluftreinigers muß jedoch regelmäßig, in wöchentlichen Abständen, gereinigt und mit Frischwasser nachgefüllt werden, sofern die Sprühintervalle nicht nach einem häufigerem Nachfüllen verlangen. Die Sprühintervalle und ihre Dauer können mittels einer Schaltuhr selbst bestimmt werden. Je nachdem kann eine tägliche Inbetriebnahme des Kaltluftreinigers für etwa 20 Minuten ausreichen, um genügend Feuchtigkeit zu liefern. Gegebenenfalls muß bei einigen Pflanzen noch von Hand nachgesprüht werden. Hier kann aber nur die langsam zunehmende Erfahrung des Pflegers eine optimale Feuchtigkeitsversorgung der Pflanzen gewährleisten. Jedes Paludarium hat da entsprechend der Bepflanzung seine eigenen Gesetzmäßigkeiten.

Eine „Regenmaschine" kann auch im Eigenbau erstellt werden. Hierfür kann eine Druckpumpe mit einem möglichen Druckaufbau von 2.8 bar aus dem Campingbedarf eingesetzt werden. Mittels eines Schlauchs wird das Wasser aus einem Plastiktank von rund 40 l Inhalt in ein druckbeständiges Rohrsystem gepreßt, an dessen Ende mehrere Spritzdüsen angebracht sind. Im Gartenfachhandel sind solche Düsen für Pflanzenspritzgeräte erhältlich. Aus diesen Düsen regnet es nun einmal täglich, durch eine Schaltuhr gesteuert, für kurze Zeit auf die Pflanzen. Als Spritzwasser wird entkalktes Leitungswasser oder sauberes Regenwasser verwendet. Auch wenn die Pflanzen von Hand besprüht werden, ist stets entkalktes Wasser zu verwenden. Zumindest ist das Wasser aus dem Heißwasserhahn zu entnehmen. Dabei hat das Leitungswasser bereits einen Teil seiner ursprünglichen Härte verloren. Dieses Verfahren bringt bei mittelhartem Leitungswasser noch gute Resultate. Bei härterem Wasser ist das Leitungswasser zu entkalken. Ansonsten bilden sich auf den besprühten Pflanzen häßliche Kalkrückstände, welche die Pflanzen zudem schädigen.

Wie bereits angesprochen, kann zu viel Feuchtigkeit zum vollständigen Verlust der Landpflanzen führen. Reichen die Lüftungsschlitze am Paludarium nicht aus, um ein tägliches Abtrocknen des Sprühwassers zu gewährleisten, kann ein Ventilator Abhilfe schaffen. Probleme entstehen meist dann, wenn sich der obere Lüftungsschlitz unter dem geschlossenen Beleuchtungskasten befindet. Dadurch wird eine optimale Luftabfuhr stark behindert.

> **Tip:** Damit die im Paludarium aufsteigende Luft weggeführt werden kann, besteht die Möglichkeit - auch nachträglich noch - einen Ventilator im Beleuchtungskasten einzubauen.

Aufbau und Einrichten eines Paludariums

Im Gegensatz zu einem herkömmlichen Aquarium benötigt man einige Zeit, um ein Paludarium möglichst naturnah einzurichten. Schon die Gestaltung der Rückwand kann je nach Vorstellungen des Pflegers einige Zeit in Anspruch nehmen. Es lohnt sich auf jeden Fall eine genaue Planung durchzuführen, wie das Paludarium später aussehen soll. Beispielsweise können richtig plazierte Pflanzennischen die späteren Pflegearbeiten erheblich erleichtern. Besonders die Gestaltung eines Wasserfalls oder eines Bachlaufs kann seine Tücken beinhalten. Das hinunterlaufende Wasser darf - wenn immer möglich - keine Geräusche verursachen.

Achtung: **Auch wenn ein leises Plätschern zu Beginn noch sehr angenehm erscheint, kann sich dieses Geräusch mit der Zeit zu einer echten Plage entwickeln.**

Meist ist es besser, noch während der Einrichtungsphase etwaige Korrekturen am Bachlauf vorzunehmen, als später die gesamte Paludariumeinrichtung wieder zu demontieren. Erst nachdem die Einrichtungsgegenstände alle am gewünschten Ort bereitstehen, darf man sich mit der Einrichtung des Wasserteils befassen und die Landpflanzen einsetzen.

Der Bau von Rückwänden

Natürlich können vorgefertigte Rückwände aus dem Fachhandel sehr gute Dienste leisten. Viele solcher angebotenen Produkte sind hervorragend für ein Paludarium geeignet. Ein besonderer Reiz geht aber auch davon aus, sich eine Rück-

wand selbst zu bauen. Dabei besteht die Möglichkeit, vorgefertigte Rückwände zusammen mit den im Eigenbau erstellten Elementen zu kombinieren. Ob nur die Rückseite des Paludariums oder auch eine oder sogar beide Seitenwände mit einer Rückwand versehen werden, hängt vom Geschmack des Pflegers ab. Der Standort des Paludariums kann ebenfalls die Einrichtung beeinflussen. Steht es in der Wohnzimmerecke, können zum Beispiel die Rückseite und eine Seitenwand mit einer Rückwand ausgekleidet werden. Zum besseren Verständnis ist noch festzuhalten, daß wenn hier von Rückwänden die Rede ist, immer eine innenliegende Rückwand - also ins Paludarium eingebracht - gemeint ist.

Die Tropenhäuser von botanischen und zoologischen Gärten können viele Ideen für die Einrichtung eines Paludariums bieten. Auch wenn die Platzverhältnisse manches nicht zulassen, sollten die Übergänge der Pflanzenanordnung, vom Wasser- zum Landteil, den „natürlichen" Vorbildern soweit wie möglich gleichkommen. Dadurch läßt sich ein harmonisches Erscheinungsbild des Paludariums erzielen.

Zum Bau von Rückwänden eignen sich verschiedene Materialien. Kriterien für die Auswahl des Baumaterials sind Feuchtigkeitsbeständigkeit, natürliches Aussehen und sie dürfen keine fischschädigenden Stoffe ins Wasser abgeben.
Zu den oft verwendeten Materialien für

Die Rückwand-gestaltung aber vor allem die Farbgebung einer Rückwand nimmt erheblich Einfluß auf die Wirkung eines Paludariums. Die drei Beispiele zeigen mögliche Farbgebungen für eine Rückwand. Die Farbmischungen sollten auf die Grüntöne der Pflanzen abgestimmt sein. Helle ineinander gemischte Grau-, Blau- und Brauntöne und erdene Braun- und Rottöne, wie auch grünliche, bläuliche und gräuliche Farbmischungen sind Farbkombinationen, die harmonisch wirken.

nen, wenn sie nicht fest an das Glas geklebt sind. Um einem Aufwölben der Korkplatten vorzubeugen, ist an den Außenkanten, zu den Seitenwänden hin, jeweils eine Fuge von 3 bis 5 mm Raum zu belassen. Damit haben die Korkplatten noch

genügend Raum, um etwas aufzuquellen. Die Fugen zwischen den einzelnen Platten sind dagegen paßgenau zu verlegen. Die in der ersten Zeit noch etwas unnatürlich wirkenden Preßkorkplatten werden sich aber wieder aufrichten und ein dekoratives Aussehen annehmen. Selbst durch ein tägliches Besprühen mit Wasser, nehmen sie kaum Schaden.

Hinweis: In der Regel halten Korkrückwände gut fünf bis zehn Jahre ohne ihr Aussehen wesentlich zu verändern.

den Landteil gehören gepreßte Korkplatten. Diese werden direkt mit Silikon auf die Glasscheibe geklebt. Hierbei ist mit dem Silikon nicht zu sparen. Später werden die Korkplatten einiges an Feuchtigkeit aufnehmen und sich zu wölben begin-

An den Korkplatten lassen sich die Epiphytenstämme gut mit Draht oder Holzschrauben befestigen und ergeben so ein natürlich aussehendes Bild.

Um eine strukturreichere Rückwand mit mehr Tiefenwirkung zu erhalten, eignen sich besonders Styroporplatten. Diese gibt es in unterschiedlichen Stärken in Baumärkten zu kaufen und sie sind auch vom ungeübten Bastler leicht zu bearbeiten. Von Hand und unter Zuhilfenahme eines scharfen Messers können sie beliebige Formen annehmen. Selbst ein Einarbeiten von Pflanzennischen ist möglich. Je nach Vorstellungen des Pflegers, kann die Styroporrückwand auch mit einem schnellabbindenden Zementmörtel überstrichen werden. Nun sieht die Rückwand noch etwas trist aus. Mit Außen-Dispersion angemalt, kann die Rückwand aber, entweder eine felsenähnliche Struktur annehmen oder in pastellfarbenen, erdenen Mischfarben einen hübschen Kontrast zur Bepflanzung annehmen. Zum Schluß hilft eine Versiegelung mit Epoxitharz, damit keine Farbrückstände und andere Inhaltsstoffe ins Wasser gelangen können. Richtig verarbeitet und mindestens eine Woche ausgehärtet, ist die Epoxitharzschicht feuchtigkeitsbeständig. Eine solche Rückwand kann dann sogar unter Wasser Verwendung finden. Die Styroporrückwand wird ebenfalls mit Silikon an das Glas geklebt.

> **Hinweis:** Bis zum völligen Abbinden des Silikons ist eine knappe Woche zu berechnen, bis der Wasserteil aufgefüllt werden darf.

In denselben Arbeitsschritten, wie eben aufgeführt, lassen sich auch Rückwände mit „giftfreiem" Polyurethan-Schaum, kurz PU-Schaum genannt, anfertigen. Das Aufsprühen des PU-Schaums aus der Dose erlaubt eine beliebige Formgebung der Rückwand, die später mit einem Messer noch nachgearbeitet werden kann. Zur Formgebung für Pflanzennischen ist es zudem möglich, den PU-Schaum um Pflanzentöpfchen herum zu verarbeiten. Nach Fertigstellung der Rückwand können so später Zimmerpflanzen direkt mit dem Topf eingesetzt werden. Nicht zu vergessen sind jedoch Abflußlöcher, um das überschüssige Gießwasser abzuleiten, ansonsten entsteht Staunässe.

Eine Rückwand eines Paludariums muß nicht zwingend aus demselben Material bestehen. Es können auch Kombinationen verschiedener Materialien in Betracht kommen. Weiterhin ist es auch schön anzusehen, wenn im Wasserteil und Landteil jeweils eine verschiedenartige Rückwand eingeklebt wird. So kann beispielsweise im Wasserteil eine Aquariumrückwand, wie sie im Fachhandel erhältlich ist, verwendet werden. Im Landteil dagegen wird eine Korkplatte oder eine selbstgebaute Rückwand eingebracht.

Dekorationsmaterialien

Als Dekoration für ein Paludarium eignen sich alle für die Aquaristik angebotenen Materialien.

> **Einschränkung:** Die verwendeten Materialien dürfen, die von den Fischen benötigten Wasserwerte nicht beeinträchtigen.

Bei der Pflege von Fischen, die aus Weichwassergebieten stammen, dürfen beispielsweise keine kalkhaltigen Gesteinssorten als Dekoration eingesetzt werden. Auch sämtliche künstlich hergestellten Dekorationsgegenstände für Aquarien können in Paludarien interessante Effekte erzielen. Dasselbe gilt für den Landteil, indem Dekorationen für die Terraristik eingesetzt werden können. Nur mit der Verwendung von Erde als Substrat für die Landpflanzen ist Vorsicht geboten. Wenn man zum Beispiel in einem Urwaldpaludarium größere Mengen von Erde einbringen möchte, sollte zumindest die unterste Schicht von etwa 10 bis 15 cm aus grobem Kies bestehen. Als Trennschicht zwischen Kies und Erde dient beispiels-

weise eine dicke Schicht aus Filterwatte, damit beim Gießen der Pflanzen keine Erde in die Kiesunterlage gespült wird. Mit diesem Kiesuntergrund kann einer Fäulnis im Erdkörper entgegengewirkt werden. Zudem besteht die Möglichkeit, das

angestaute Wasser mit einer Handpumpe, wie sie bei Hydrokulturen verwendet wird, abzusaugen. Hiefür ist an einer Stelle ein mit Löchern versehenes Kunststoffrohr im Boden zu versenken.

Das Erstellen von Wasserläufen

Wasserläufe sind im Paludarium sehr beliebt. Sie erhöhen zusätzlich die Luftfeuchtigkeit im Paludarium und reichern das Wasser mit Sauerstoff an. In erster Linie beleben sie aber auf wunderbare Weise den Landteil. Man kann sogar behaupten, daß Wasserläufe über eine harmonische Ausstrahlung verfügen und den Betrachter aus rein optischen Gesichtspunkten in ihren Bann ziehen. Am Rande des Wassers gedeihen meist auch Moose und Farne besonders gut, was dem Paludarium erst recht eine urwaldartige Atmosphäre verleiht. Diese geheimnisvolle Ausstrahlung ist selbst über den Geruchssinn wahrzunehmen. Beim Öffnen der Schiebetüren strömen einem die typischen Gerüche einer tropischen Feuchtlandschaft entgegen.

Die Wasserläufe oder kleine Wasserfälle erhalten ihr Wasser aus dem Filtersystem. Zum einen kann das gesamte Wasser aus dem Filterauslauf in einen Wasserlauf geleitet werden und zum anderen besteht auch die Möglichkeit, nur einen Teil des Filterwassers zu verwenden. Letzteres hat den Vorteil, daß die in den Bachlauf einlaufende Wassermenge auch im Nachhinein reguliert werden kann, sollte mit der Zeit das Pflanzenwachstum im Wasserlauf die Durchflußmenge reduzieren. Hierfür kann ein T-Stück am Filterauslauf

wird. Selbstverständlich kann ein Bachlauf sein Wasser auch aus einer zusätzlich zum Filter installierten Pumpe erhalten.

Die Wasserläufe können auf verschiedene Weisen angelegt werden. Die einfachste Methode ist es, das Wasser über einen Wurzelstock aus Moorkienholz oder einen großen Stein zu leiten. Fließt nun dauernd Wasser über diesen Untergrund, besteht sogar die Möglichkeit, etwas Javamoos aus dem Aquarium auf die nasse Unterlage aufzubringen. In der Folge bildet das Javamoos eine Überwasserform aus und überzieht, wie ein Rasen, die gesamte feuchte Unterlage. Mit etwas Glück bildet das Javamoos auch auf dünnen Stengeln sitzende Sporenkapseln aus, die dann der Pflanze ein besonders hübsches Aussehen verleiht. Größere Wasserläufe, die einen Urwaldbach darstellen sollen, können auch in der im Eigenbau hergestellten Rückwand eingebaut werden. Der Vorteil daran ist, daß die Schläuche nicht mühevoll mit den Landpflanzen kaschiert werden müssen, sondern direkt in der Rückwand Platz finden und mit Mörtel verputzt, nicht mehr zu sehen sind. Das Wasser fließt nun so aus einem Einlaß in den modellierten Bachlauf, wie wenn es aus einer Quelle entspringen würde. Desweiteren können Wasserläufe auch auf dem Landteil angelegt werden und mit Steinen

montiert werden. Ein Teil des Wassers strömt nun ganz normal aus dem Filter und der Rest speist den Wasserlauf. Zur Regulierung der so abgezweigten Wassermenge dient ein Absperrhahn, der zwischen den Schläuchen einzubauen ist. Die für das Leitungssystem benötigten Absperrhähne, Bogen- und T-Stücke sind aus dem Sortiment der Filterhersteller zu beziehen.

> **Tip:** Um ein etwaiges Abrutschen der Schlauchverbindungen zu vermeiden, sollten an den Enden jeweils aus Sicherheitsgründen Schlauchklemmen angebracht werden.

Schlauchklemmen machen vor allem dann einen Sinn, wenn das Leitungssystem zum Wasserlauf nur schwer erreichbar ist oder sogar in eine Rückwand eingebaut

Die Einrichtung eines Paludariums erfolgt nach dem persönlichen Geschmack des Pflegers. Trotzdem hat die Einrichtung des Wasserteils den Bedürfnissen der Fische zu entsprechen. Die Aufnahme zeigt ein Paludarium in einer Ausstellung. Für eine dauerhafte Pflege müßte den Mosaikfadenfischen ein größerer Wasserteil und mehr Versteckmöglichkeiten angeboten werden. Dennoch ist dieses Beispiel gut geeignet, um zu zeigen wie ein Uferpaludarium aussehen könnte.

ausgelegt den Eindruck eines „Bergbachs" erwecken. Hierfür kann das Bachbett in der gewünschten Form mit Mörtel ausgekleidet werden. Um die nötige Dichtigkeit zu erhalten, damit kein Wasser durch den Mörtel sickert, ist das Bachbett, mit Epoxitharz auszustreichen. Dem Ausgestalten von Wasserläufen sind beinahe keine Grenzen gesetzt und sie machen wohl auch einen Teil der Faszination aus, die von einem Paludarium ausgehen kann - und so dem gestalterischen Drang des Pflegers erst noch freien Lauf läßt.

Das Einrichten

Mit dem Aufbau eines Paludariums kann, je nach Gegebenheiten, einige Arbeit verbunden sein. Vom Erstellen der Rückwand im Eigenbau, bis zum Binden der Epiphytenstämme, wird vom Pfleger einiges an Geduld abverlangt, bis die ersten Fische endlich ins Paludarium Einzug halten können. Doch zuerst ist der Standort festzulegen. Nicht zu nahe am Fenster sollte er sein und auch ein Stromanschluß für die technischen Gerätschaften darf nicht allzu weit entfernt liegen. Desweiteren wäre es sicher auch angebracht, das Paludarium bequem von der Sitzgruppe aus beobachten zu können. Dies sind alles Kriterien, die es gut zu überdenken gilt - denn im Gegensatz zu einem Aquarium läßt sich ein Paludarium später nur mit einigem Aufwand an einen anderen Standort umplazieren. Nach dem Aufstellen des Paludariums ist gleich als erstes die Rückwand einzukleben. Sofern größere Steinaufbauten errichtet werden sollen, sind diese als nächstes zu plazieren. Gegebenenfalls sind auch sie mit Silikon festzukleben. Falls vorgesehen, ist

zugleich der Innenfilter zu befestigen, was ebenfalls mit Silikon erfolgen kann. Ist der Silikon „ausgehärtet", dürfen der vorher gründlich gewaschene Bodengrund eingebracht und die Moorkienwurzeln am vorgesehenen Standort aufgestellt werden. Danach ist der Wasserteil zu einem Drittel mit Wasser aufzufüllen. Dies erleichtert das Einsetzen der Wasserpflanzen. Jetzt können die technischen Gerätschaften montiert werden, falls dies nicht schon vorher geschehen ist. Das restliche Wasser ist nun ebenfalls einzulassen.

Achtung: Zum Schluß dieser Arbeitsphase sind alle Geräte auf ihre Funktionstüchtigkeit und das Paludarium auf seine Dichtigkeit hin zu kontrollieren.

Als nächstes können die vorbereiteten Epiphytenstämme aufgehängt werden. Sofern ein Landteil mit Zimmerpflanzen vorgesehen ist, die ins Erdreich eingepflanzt werden, lohnt es sich diese vor dem Einrichten des Wasserteils einzubringen. Damit verhindert man, daß herabfallende Erde das Wasser verschmutzt. Vor dem Einbringen der Fische oder anderen Paludariumbewohnern wäre es zum jetzigen Zeitpunkt sinnvoll, einige Wochen abzuwarten, bis die Pflanzen festwachsen können und sich der „biologische Gleichgewichtszustand" im Paludarium eingespielt hat. Damit ist vor allem der Zeitraum angesprochen, den der Filter benötigt, bis sich die wasserreinigenden Bakterien auf dem Filtermaterial angesiedelt haben. Nach abgelaufener Wartefrist können endlich die ersten Fische von ihrem neuen Lebensraum Besitz ergreifen.

Die Pflanzen nehmen einen nicht unerheblichen Einfluß auf das Mikroklima im Paludarium. Besonders die Wasserpflanzen vermögen die Qualität des Lebensraums für die Fische zu verbessern. Die Pflanzen helfen mit, organische Abfallprodukte abzubauen und regulieren den Sauerstoffgehalt des Wassers. Darüberhinaus wirkt ein üppiger Pflanzenwuchs stabilisierend auf den „natürlichen" Gleichgewichtszustand im Aquarium. Letztendlich hat dies auch einen überaus positiven Einfluß auf die Gesundhaltung der Fische.

Hinweis: Je üppiger das Pflanzenwachstum, um so besser ist das für eine dauerhafte Pflege der Pflanzen.

Dies gilt besonders für die Landpflanzen.

Bei einem ausgewogenen Pflanzenbewuchs können auch heiklere Epiphyten, wie Bromelien und Orchideen zufriedenstellend gepflegt werden, da sie nur in einem stabilen Klima gedeihen können. Auf starke Feuchtigkeitsschwankungen, wie auf zu lang anhaltende Nässe oder Trockenheit, reagieren die meisten Epiphytenarten sehr empfindlich. Sicher ist es empfehlenswert, zuerst einmal mit anpassungsfähigeren Wasser- und Landpflanzen einen guten Pflanzenbewuchs zu erreichen. Im Nachhinein kann man versuchen, seltenere oder auch heiklere Pflanzenarten zu kultivieren. Damit erspart man sich viel Ärger und Kosten. Die Pflege von tropischen Pflanzen im Paludarium ist immer ein Kompromiß. Meist ist es so, daß unter der Fülle der zur Verfügung stehenden Arten lediglich ein Teil gut gedeiht und zur Bereicherung einige weitere Arten mit bescheidenerem Erfolg dazugepflanzt werden können. Oft ist weniger mehr. Im Prinzip entscheiden die jeweiligen Verhältnisse im Paludarium, welche Pflanzenarten gepflegt werden können. Neben der Wasserbeschaffenheit im Wasserteil, der Temperatur und den Lichtverhältnissen sowie dem Feuchtigkeitgrad, dem die Landpflanzen ausgesetzt sind, entscheiden auch die Pflegeaufwendungen über Erfolg oder Mißerfolg. Schnellwachsende Pflanzenarten müssen zurückgeschnitten werden, um die anderen nicht zu verdrängen. Abgestorbene oder faulende Pflanzenteile sind zudem sofort zu entfernen, damit sich keine Pflanzenkrankeiten ausbreiten können. Gelegentlich ist bei einem Rückschnitt der Landpflanzen auch das Substrat zu erneuern und die Jungtriebe sind an einen neuen Standort zu setzen, damit die einmal angelegte Pflanzenpracht nicht plötzlich vergeht.

Aufbau eines Pflanzengartens

Obwohl die Natur als Vorbild gilt, wäre es wohl falsch, einen der imposanten und artenreichen, tropischen Lebensräume in einem Paludarium orginalgetreu nachbilden zu wollen. Um aber dennoch einen interessant anzuschauenden Pflanzenbestand zusammenzustellen, kann man das eigene gestalterische Geschick nutzbringend einsetzen. Dies beginnt bei der Auswahl der Pflanzen. Sie sollen in Größe, Farbe und Aussehen miteinander harmonieren und sich natürlich auch vom Hintergrund gut abheben. Gerade die Struktur und Farb-

gebung der Rückwand bestimmt maßgeblich den Wirkungsgrad eines Paludariums. In dieser Hinsicht ist die Gestaltung eines Paludariums als Ganzes zu betrachten. Von der Rückwand, über die Pflanzen, bis zum kleinsten Stein, sollen alle Elemente miteinader ein ausgewogenes Bild für den Betrachter ergeben. Erst so erreicht man den Eindruck eines Tropenwalds im Kleinformat. Entsprechend eines natürlichen Lebensraums benötigt jede Pflanze den günstigsten Standort für ihre Größe und ihre Lichtansprüche. Große Pflanzen sollen die Paludariumgestaltung strukturieren und dennoch dem Unterwuchs ausreichend Raum für ein gesundes Wachstum belassen. Pflanzen mit höheren Lichtansprüchen werden demzufolge nahe der Beleuchtung gepflanzt, wärend Arten mit bescheideneren Lichtansprüchen in den tieferen Etagen Platz finden. Diese Kriterien beeinflussen dann auch zusätzlich die Pflanzenauswahl.

> **Achtung:** Auf keinen Fall dürfen Pflanzenarten ausgewählt werden, die durch ihre zu erwartende Größe den vorhandenen Paludariumraum ganz für sich beanspruchen, und so mit der Zeit die gesamten gestalterischen Bemühungen des Pflegers zunichte machen.

Im Paludarium sollen sowohl Zonen mit dichter Bepflanzung, wie auch Stellen mit lichtem Pflanzenbestand geschaffen werden. Im hinteren Bereich oder an einzelnen Orten inmitten des Paludariums erhalten die größeren Pflanzen ihren Standort. Im vorderen Bereich oder unter freibelassenem Raum gedeihen kleinwüchsige Pflanzen. Alles in allem sollen die verschiedenen Arten stufenweise ineinander angeordnet werden, um den gewünschten Eindruck eines natürlichen Landschaftsausschnitts zu suggerieren. Je nach Größe eines Paludariums kann dieses eine oder mehrere dominante Pflanzengruppen beinhalten, die auch farblich klar voneinander abgetrennt werden sollen. Grüne, braune oder rötliche Farbtöne sollen sich voneinander abgrenzen können, nicht daß ein wildes Durcheinander ensteht. Einen nicht ganz unwesentlichen Einfluß auf das Gesamtbild nehmen die bewachsenen Holzteile. Im Wasserteil sind es die mit *Anubias* oder Javafarn bewachsenen Moorkienwurzeln und im Landteil die Epiphytenstämme, welche eine magische Ausstrahlung auf den Betrachter ausüben. Ihnen kommt, zu den dominanten Pflanzengruppen, eine gleichrangige, gestalterische Bedeutung zu. Der optische Schwerpunkt einer Paludariumgestaltung hängt weitgehend von der Größe und vom Aufbau der Bepflanzung ab. Die Hauptblickpunkte führen sozusagen die Augen des Betrachters durchs Paludarium. In größeren Paludarien können mehrere Hauptblickpunkte, in Form von dichten Pflanzengruppen und bewachsenen Moorkienwurzeln oder Epiphytenstämmen realisiert werden. In kleineren Paludarien genügt bereits je ein optischer Schwerpunkt im Wasser und im Landteil, um das geringe Volumen größer erscheinen zu lassen. In diesem Falle soll-

Bei einem feucht-warmen Klima gedeihen neben kleinwüchsigen Bromelien- und Orchideenarten auch Moose auf den Epiphytenstämmen. Moose reagieren jedoch sehr empfindlich auf stets schwankende Feuchtigkeitsverhältnisse, daher sind sie nicht gerade einfach zu pflegen.

te der optische Schwerpunkt nie inmitten des Paludariums stehen, sondern leicht versetzt von der Mitte angeordnet sein. Insbesondere ein in einem der hinteren Paludariumecken und diagonal nach vorne verlaufender Dekorationsschwerpunkt läßt das Paludarium um einiges größer erscheinen, als es in Wirklichkeit ist. Überhaupt ist die damit erzielte Tiefenwirkung einer der wichtigsten gestalterischen Aspekte, die es zu berücksichtigen gilt. Je höher die Tiefenwirkung ist, um so eher erhält die Paludariumgestaltung einen natürlichen Ausdruck. Die Tiefenwirkung läßt sich zudem auch von aus der Gesamtgestaltung hervortretenden, einzelnen großen Steinen, Wurzelteilen oder Epiphytenstämmen ausnehmend gut akzentuieren. In all dem liegt wohl mit einer der Gründe, weshalb in so manchem Betrachter eines Paludariums der Wunsch erwächst, sich selbst einen tropischen Garten in sein Wohnzimmer zu holen. Natürlich gelingt es einem nicht immer auf Anhieb, eine optimale Gestaltung zu realisieren. Dies ist aber auch nicht nötig, denn eine schöne Paludariumgestaltung ensteht nicht an einem Tag, sondern kann Monate oder sogar Jahre benötigen, bis aus den gewonnenen Erfahrungen und den neu hinzugekauften Pflanzen das gewünschte Erscheinungsbild entsteht.

Die Gestaltung eines Epiphytenstamms

Aus der Pflanzengruppe der Epiphyten stammen einige der am häufigsten für Paludarien verwendeten Pflanzen. Das Wort Epiphyt stammt aus dem Griechischen und bedeudet soviel wie Auf- oder Überpflanze. Die Epiphyten sind Pflanzen, die nicht am Boden gedeihen, sondern mit ihren besonderen Wurzeln auf anderen Pflanzenarten, meist auf Bäumen, Halt finden. Sie kommen vorwiegend in den tropischen Regenwäldern vor. Aber auch in den Subtropen und in Höhenlagen dieser Regionen sind einige Epiphytenarten zu finden. Ein Großteil der Epiphyten sind keine Parasiten, die sich von ihrer Wirtspflanze ernähren, sondern sie verschaffen sich durch ihre besondere Anpassung lediglich einen günstigeren Standort, nahe des Sonnenlichts. Zu den Epiphyten zählen eine

Reihe verschiedener Gattungen der Bromeliengewächse, Orchideen und Farne. Unter diesen Pflanzen befinden sich manche Arten, die durch ihre typische Anordnung der Blätter eine Einrichtung zum Sammeln von Wasser aufweisen.

In gewisser Weise stellen die Epiphyten das Sinnbild eines tropischen Regenwalds dar. Wahrscheinlich sind sie aus diesem Grunde sehr beliebt. Zudem lassen sich viele Arten ausgezeichnet kultivieren und auch vermehren. Heutzutage werden verschiedene Epiphyten auch auf ihre Wohnzimmerverträglichkeit hin gezüchtet. Es sind dann auch diese Pflanzen, die sich meist sehr gut für ein Paludarium eignen. Die hier angesprochenen Epiphyten können bezüglich ihren Pflegeanforderungen grundsätzlich in zwei Gruppen aufgeteilt werden. Die einen benötigen kein Substrat, sprich ein Erd-Rindengemisch, sondern haften mit ihren sperrigen Wurzeln direkt auf einer Unterlage, die vorzugsweise aus Holz oder Kork bestehen sollte. Die anderen Epiphyten benötigen für ein zufriedenstellendes Wachstum zumindest ein wenig Substrat. Dies sind vor allem Arten, die in Astgabeln großer Bäume vorkommen, wo sich durch herabgefallene Blätter eine dünne Humusschicht gebildet hat. Ihren Wasserhaushalt und Nährstoffbedarf decken die Epiphyten jedoch aus der Atmosphäre.

Als Unterlage für die Epiphyten eignen sich vor allem Harthölzer, denen die feuchten Paludariumverhältnisse nur wenig zusetzen können. Eine gute Unterlage für Epiphyten stellen auch zurechtgeschnittene Stammstücke des Baumfarns *Dicksonia* dar. In der luftigen Struktur dieses Materials finden die Haftwurzeln guten Halt und die Feuchtigkeit bleibt zudem nicht allzulange am Material hängen, um die Wurzeln zu schädigen. Optisch reizvoll sind Hölzer mit bizarren Formgebungen, die auf die gewünschte Form zurechtgesägt werden können. Rebenholz oder Eichenwurzeln gehören dazu, aber auch die Rinde der Korkeichen eignen sich besonders für die Herstellung eines Epiphytenstamms.

> **Tip:** Die rund geformte Rinde der Korkeichen sind zum Einbringen von Substrat besonders geeignet.

Die Wurzelballen der entsprechenden Epiphytenarten können mit wenig Substrat auch in Moospolster, *Sphagnum,* oder in Kokosnußfasern eingewickelt werden, um so vorbereitet im Astwerk des Epiphytenstamms eingeklemmt zu werden. Zum Umwickeln der Wurzelballen eignet sich zum Beispiel dünner Bindedraht, wie er auch für Pflanzenarragements in Gärtnereien verwendet wird. Als Substrat für die hier angesprochenen Epiphyten sollte keine handelsübliche Blumenerde Verwendung finden. In Gärtnereien wird ein besonderes Humus-, Torffaser-, Rindengemisch für Orchideen angeboten, welches auch für den Aufbau von Epiphytenstämmen geeignet ist. Der Vorteil dieses Erdgemisches liegt darin, daß es nicht so leicht in Fäulnis übergehen kann und die Wur-

zelballen der Pflanzen schädigen kann. Wie vorab bereits angesprochen, sollten bei verschiedenen Epiphytenarten auf die Verwendung von Substrat beim Aufbinden auf das Astwerk verzichtet werden. Es sind dies in der Regel all die Arten, die an ihren drahtartigen Haftwurzeln zu erkennen sind. Sie können mit einem feinen Baumwollfaden direkt auf den Epiphytenstamm aufgebunden werden. Schon nach kurzer Zeit bilden sich neue Wurzeln aus und verleihen der Pflanze den nötigen Halt. Der Baumwollfaden wird mit der Zeit nutzlos und geht im feuchten Klima in Verwesung über, so daß er nicht einmal mehr entfernt werden muß. Das Aufkleben von Epiphyten mit Silikon oder anderen Klebern auf einen Ast ist aber ein völliger Unsinn und ist zu unterlassen. Vielfach tragen die Pflanzen Schädigungen davon und erholen sich kaum mehr von dieser Prozedur.

Für die Gestaltung eines Epiphytenstamms gelten, vom Prinzip her, ähnliche Regeln, wie bei der Bepflanzung von Rückwänden. Auf einem Epiphytenstamm sollten nur Pflanzenarten verwendet werden, die in

Hier sind einige Utensilien für das Errichten von Epiphytenstämmen abgebildet. Holzkörbchen mit etwas Substrat können den Wurzeln von epiphytisch wachsenden Orchideen Halt bieten. Zurechtgeschnittene Stücke des Baumfarns Dicksonia, Rebenholz und die Rinde der Korkeiche eignen sich als Träger für die Epiphyten. Moospolster und Kokosnußfasern sind als Ummantelung für die Wurzelballen der Pflanzen gedacht. Bindedraht und geeignete Schneidwerkzeuge dienen um Befestigungen anzufertigen oder die Wurzelballen der Epiphyten zu umwickeln.

Als Bepflanzung für Sumpfzonen eignen sich die Wasserkelche besonders. Sie benötigen aber eine relativ hohe und vor allem konstante Luftfeuchtigkeit, damit die empfindlichen Blätter keinen Schaden nehmen. Zur Überwachung der Luftfeuchtigkeit kann ein Hygrometer ins Paludarium untergebracht werden.

Form- und Farbgebung, besonders aber in ihrer zu erwartenden Größe zueinander passen. Je nach Größe des ausgesuchten Astes können eine oder mehrere Pflanzen nebeneinander oder übereinander in nicht zu dichten Gruppen aufgebunden werden. Natürlich ist darauf zu achten, daß sich die Pflanzen nicht gegenseitig vor der Lichtquelle stehen und einzelne Pflanzen zu wenig Licht erhalten. Einzelne Epiphyten können auch in Astgabeln ihren Platz fin-

den. Dabei wird ein Aufbinden der Pflanzen sogar meist überflüssig, da sie vom Astwerk gestützt halten. Die Plazierung der Pflanzen auf dem Ast sollte, auch von der Gewichtsverteilung her, ausgewogen sein. Dies erleichtert dann das Montieren des Epiphytenstamms im Paludarium, was vor allem für das Aufhängen und weniger für ein anschließendes Anschrauben des Stamms an der Rückwand gilt. Je nach Feuchtigkeitsgrad können zwischen den einzelnen Pflanzen auch Moose gedeihen, was dem Epiphytenstamm ein außergewöhnliches Aussehen verleiht. Ein regel-

mäßiges Feuchthalten der Moospölsterchen ist aber unbedingt nötig, damit sie nicht vertrocknen. Im Übrigen verhält es sich mit den aufgebundenen Epiphyten, wie mit den anderen Pflanzen im Paludarium auch. Bald wird man feststellen, daß einige Arten hervorragend gedeihen und wieder andere Arten anscheinend nicht den optimalen Standort im Paludarium erhalten haben. Ein Epiphytenstamm ist also kein starres Gebilde, sondern muß regelmäßig gepflegt und hin und wieder auch umgestaltet werden, wenn einzelne Pflanzen ihre Ableger ausbilden.

Pflanzen auf dem Landteil

Der Bepflanzung auf dem Landteil sind im Rahmen des Machbaren beinahe keine Grenzen gesetzt. Einige Aspekte wurden ja schon angesprochen. Besonders attraktiv wirken zu den Epiphytenstämmen Pflanzengemeinschaften, die aus denselben Pflanzenfamilien stammen, wie jene der epiphytisch wachsenden Arten. So können beispielsweise im Orchideenerdgemisch gepflanzte Erdorchideenarten oder entsprechende Bromeliengewächse den Landteil begrünen. Zur Abwechslung könnten noch kleinwüchsigere Farnarten hinzukommen. Hierfür wäre es eine Möglichkeit, die Pflanzen in ihren Töpfen zu belassen und diese in einen aus Blähton bestehenden Bodengrund einzugraben. Dies erleichtert eine spätere Umplazierung und ein Absaugen des überschüssigen Gießwassers. Und der nicht gerade harmonisch wirkende Bodengrund aus Blähtonkügelchen kann -mit Moospolstern, Rindenstückchen oder mit größeren Steinen ausgelegt- dennoch einen hübschen Anblick bieten. In einem weniger feuchten Paludarium können natürlich auch Zimmerpflanzen, die üblicherweise in normaler Blumenerde gedeihen, verwendet werden. Je größer jedoch der Feuchtigkeitsgrad ist, um so mehr besteht die Gefahr, daß die Erde verfault und die Pflanzen zugrunde gehen. Eine Alternative dazu wäre das Verwenden von Hydrokulturen, die das richtige Gießen erleichtern können.

Die Landpflanzen
Neben vielen Zimmerpflanzen sind es doch vor allem die Bromelien, die Orchideen und die Farne, die den Pfleger in ihren Bann ziehen. Deshalb werden diese Pflanzengruppen abschließend etwas ausführlicher behandelt und vor allem ihre Besonderheiten bei den Pflegeansprüchen erwähnt.

Pflanzen im Sumpfteil
Für den Sumpfteil eignen sich Pflanzenarten, die gerne im wasserhaltigen Untergrund stehen. Bekanntestes Beispiel aus der Gruppe der Zimmerpflanzen ist das Zyperngras, welches jedoch eine beachtliche Größe erreichen kann. Unter den Aquarienpflanzen finden sich verschiedene Sumpfpflanzenarten, die gerade über Was-

ser sehr gut gedeihen. Neben den Cryptocorynen sind dies einige Vertreter aus der Gattung *Hygrophila,* die bei ausreichenden Lichtverhältnissen sehr schöne Blütenstände ausbilden können. Bei der Frage nach dem geeigneten Bodengrund für die Sumpfpflanzen verhält es sich ähnlich wie bei den Landpflanzen. Für den Sumpfteil darf auf keinen Fall normale Blumenerde verwendet werden. Auch hängt die Auswahl eines Bodengrundmaterials von der eingebrachten Schichtstärke ab.

> **Achtung:** Je tiefer der Bodengrund, um so eher entstehen Probleme mit der Fäulnisbildung in den tieferen Bodengrundschichten.

Für die Bepflanzung des Wasserteils kommen die verschiedensten Aquariumpflanzen infrage. Lediglich die Lichtansprüche der Wasserpflanzen sind zu beachten. Nicht daß schon nach kurzer Zeit, aufgrund mangelhafter Lichtverhältnisse, die ersten Pflanzen absterben.

Bei einem Landteil mit großer Höhe ist der Sumpfteil in einem auf Stützen aufgelegten

*Die Bromelien-
gewächse
zählen zu den
beliebtesten
und auch
dankbarsten
Pflanzenarten,
für die Bepflan-
zung des Land-
teils. Manche
Bromelien bil-
den fantasti-
sche Blüten-
stände aus, die
lange blühen.
Nach der Blüh-
phase sterben
die Pflanzen
langsam ab
und es bilden
sich oberhalb
der Wurzeln
Ableger, die
sogenannten
Kindel aus. Sie
können wieder
eingepflanzt
werden und
erreichen nach
einer gewissen
Zeit die Größe
der Mutter-
pflanze.*

oder eingehängten Pflanzenkasten von rund 20 cm Höhe unterzubringen. Der darunter liegende Luftraum ist leer zu belassen oder, wenn er mit Wasser gefüllt ist, ist er unter Umständen zur Unterbringung des Filters geeignet.

Als Bodengrundmaterial für den Sumpfteil eignet sich herkömmlicher Aquarienkies dem beliebige Düngerzusätze beigemischt werden können. Mit etwas Erfahrung in der Pflege von Sumpfpflanzen kann auch ein selbst gemischtes Sand- bis Erdmaterial als Bodengrund dienen. Der Erdanteil darf jedoch nur 10 bis 20 % ausmachen. Auch ist nicht jede Erde gleichermaßen geeignet. Ideal sind lehmhaltige Böden mit geringem Humusanteil. Selbstverständlich können auch die außerhalb des Wassers wachsenden Sumpfpflanzen in Töpfen kultiviert und in den mit Wasser gefüllten Pflanzenkasten gestellt werden. Dies verhindert die Fäulnisbildung weitgehend, insbesondere dann, wenn das Wasser im Pflanzenkasten noch zusätzlich bewegt wird. Dazu kann eine kleine Pumpe oder das Einleiten des Filterwassers dienen. Damit aber die Sumpfpflanzen gut gedeihen oder sogar blühen, benötigen sie eine ausreichende, ihnen zur Verfügung stehende Lichtmenge. Unter Epiphytenstämmen ist ein Wachstum von Sumpfpflanzen meist nur unzureichend möglich.

Pflanzen im Wasserteil

Zur Bepflanzung des Wasserteils eignen sich alle Pflanzenarten, wie sie auch für Aquarien verwendet werden. Einziger Unterschied ist, daß im Paludarium meist die Lichtverhältnisse nicht ganz ausreichen,

um lichtbedürftigen Pflanzenarten ausreichend gute Wachstumsbedingungen zu garantieren. Die in diesem Buch stellvertretend genannten, für Paludarien geeigneten Pflanzenarten, berücksichtigen diesen Umstand. Natürlich können bei entsprechenden Beleuchtungen auch andere Pflanzen im Paludarium verwendet werden. Beim Bepflanzen des Wasserteils ist wie beim Einrichten eines Aquariums vorzugehen. Allerdings sollte man von der besonderen Situation im Paludarium Gebrauch machen und die im Wasserteil wachsenden Pflanzenarten etagenartig nach oben, bis unter die Wasseroberfläche anordnen. Somit entsteht ein nahtloser Übergang zum Pflanzenbewuchs des Landteils. Bei einem tieferen Wasserteil lassen

sich Javafarn und andere Pflanzenarten auf Moorkienwurzeln aufbinden, um den gewünschten Effekt zu erzielen. Zum Aufbinden der Pflanzen eignet sich ein Baumwollfaden, der mit der Zeit zerfällt. Bis dahin haben sich die Wasserpflanzen aber bereits an der Unterlage festgeklammert.

Die für Paludarien geeigneten Pflanzenarten

Zur Bepflanzung von Paludarien steht eine Fülle von Pflanzen zur Verfügung. Nachfolgend werden stellvertretend einige verhältnismäßig leicht zu kultivierende Arten genannt, die auch bei wenig Pflegeerfahrung viel Freude bereiten können. Dies will aber nicht heißen, daß es sich dabei um sogenannte Anfängerpflanzen handelt, sondern um solche Pflanzen und verwandte Arten, die bei vielen Paludarien-Liebhabern erfolgreich gepflegt werden.

Tip: Bei der Auswahl der Pflanzenarten für Paludarien sollte man keine Scheu davor haben, hin und wieder einmal eine Pflanze zu kaufen, die für das entsprechende Paludarium geeignet erscheint.

Vielleicht schlägt ein Pflanzversuch fehl. Dennoch wird so manche neu im Paludari-

um eingebrachte Pflanze hervorragend gedeihen und die Pflegeerfahrungen des Halters bereichern. Dadurch, daß im Prinzip jedes Paludarium-Milieu einen Einzelfall darstellt, ist es sehr schwierig, allgemein gültige Aussagen für die Bepflanzung zu machen - doch ist dies wohl auch mit ein Grund, weshalb von Paludarien eine ungeheure Faszination ausgeht - wird doch der Pfleger bei seiner Freizeitbeschäftigung vor eine echte Herausforderung gestellt, die mit viel Befriedigung verbunden ist.

Bromeliengewächse

Von den über 2000 bekannten Bromelienarten eignen sich verhältnismäßig wenige für ein Paludarium, oft wegen der zu erwartenden Größe der Pflanzen. Die Gattungen *Cryptanthus, Guzmania, Neoregelia, Nidularium, Vriesea* und *Tillandsia* beeinhalten jedoch verschiedene für Paludarien geeignete Arten.

Unter den Bromeliengewächsen finden sich terrestrisch auf dem Boden oder epiphy-

Zu den Bromeliengewächsen gehören die Tillandsien. Jene Arten die über gräulich schimmernde Schuppen verfügen benötigen einen Standort nahe der Beleuchtung. Sie müssen regelmäßig besprüht werden. Langanhaltende Nässe auf den Blättern vertragen sie aber schlecht. Sie müssen in kurzer Zeit wieder abtrocknen können. Viele solcher Tillandsien erhalten während der Blühphase leuchtend rote Blätter, die nach dem Blühen wieder ihre ursprüngliche Farbgebung annehmen.

Blühende Orchideen sind der Blickfang jedes Paludariums. Im Paludarium blühen die Orchideen aber nicht immer zufriedenstellend. Doch es besteht die Möglichkeit einige Pflanzen auf der Fensterbank zu kultivieren und sie abwechslungsweise ins Paludarium einzubringen, so kann man sich des Öfteren über die Blütenpracht im häuslichen Tropenwald erfreuen.

tisch auf Bäumen wachsende Arten. Manche Bromelien benötigen Jahre, manchmal sogar bis 20 Jahre, bis sie den Reifezustand erreichen und blühen. Anschließend an die Blütezeit entwickeln sich an der Pflanze meist kleine Ableger, auch Kindel genannt, und der Lebenszyklus beginnt von neuem. Während die Kindel langsam heranwachsen, stirbt die Mutterpflanze allmählich ab. Die Bromeliengewächse können grob in zwei Gruppen aufgeteilt werden. Die „Waldbromelien" eignen sich besoders für das Regenwaldpaludarium. Sie sind meist an ihren glatten, sattgrünen und geschmeidigen Blättern zu erkennen. Die „Steppenbromelien" dagegen benötigen mehr Licht und reagieren auf langanhaltende Feuchtigkeit auf den Blättern empfindlich. Sie sind meist an ihren lederartigen, gräulich schimmernden, mit kleinen Schuppen besetzten Blättern erkennbar. Dazwischen gibt es noch manche Übergangsformen, - die je nach Paludariumtyp- gut gedeihen können. Mit ihren Schuppen sind die „Steppenbromelien" in der Lage, schon geringste Feuchtigkeitsmengen aufzunehmen. Vielleicht gerade deswegen sind sie nicht immer leicht zu kultivieren.

Achtung: Es bedarf einiger Erfahrung, um herauszufinden, wieviel zusätzliche Feuchtigkeit die Pflanzen benötigen, um nicht zu vertrocknen oder zu verfaulen.

Beide Vertreter der eben genannten Bromeliengruppen lassen sich aufgrund des Feuchtigkeitsbedarfs nur bedingt miteinander vergesellschaften. Bei jenen Bromeliengewächsen, die über einen Trich-

ter inmitten der rosettenartig angeordneten Blätter verfügen, ist darauf zu achten, daß dieser stets mit Wasser gefüllt ist. Und obwohl diese Pflanzen einen fäulnishemmenden Wirkstoff absondern, muß die Zisterne in Abständen von einem Monat mit neuem Wasser gefüllt werden. So wird einer Fäulnisbildung vorgebeugt.

Arten aus dem Regenwald

Vriesea splendens
Vorkommen: Venezuela; Höhe um 40 cm
Diese Art wird regelmäßig im Handel angeboten. Einige Arten aus dieser Gattung lassen sich auf einem Epiphytenstamm gut kultivieren. Wieder andere Arten gedeihen auch im Substrat zufriedenstellend. Je nach Art erreichen sie eine Höhe von 20 bis 80 cm.

Neoregelia carolinae
Vorkommen: Brasilien; Höhe um 40 cm
Die meisten Neoregelien wachsen als Epiphyten. Diese Art ist wegen ihrer leuchtend roten Herzblätter und den glänzend grünen Blätter überaus beliebt.

Guzmania lingulata
Vorkommen: Zentralamerika, Kolumbien, Bolivien, Brasilien; Höhe um 15 cm
Diese Bromelie wächst als Epiphyt. Aus der Gattung *Guzmania* sind zahlreiche Kreuzungen im Handel erhältlich, die auch im Substrat gedeihen.

Tillandsia lindenii
Vorkommen: Peru, Südäquador;
Höhe bis 40 cm
Die grünen, geschmeidigen, lanzettförmigen Blätter kennzeichnen diese häufig im Handel angebotene Art. Sie ist für das Regenwaldpaludarium überaus geeignet, wächst aber auch bei geringerer Luftfeuchtigkeit noch sehr zufriedenstellend. Aus der Familie der Tillandsien sind noch weitere Arten für das Paludarium gut geeignet. Darunter finden sich auch viele kleinwüchsigere Pflanzen.

Tillansia usneoides
Vorkommen: Südliches Amerika; Höhe - variabel
Die Art verlangt viel Licht. Auf zu hohe Luftfeuchtigkeit reagiert die Pflanze empfindlich. Diese Pflanzenart wird als Tropenpflanze schlechthin angesehen - auch wenn sie dem Anspruch nicht uneingeschränkt Rechnung tragen kann. Im Paludarium gedeiht sie nicht immer zufriedenstellend.

Arten aus Trockenzonen

Cryptanthus fosteranus
Vorkommen: Brasilien; Höhe bis 30 cm
Die Pflanzen verfügen über braune, mit weißlichen Wellenmustern ausgestatteten Blätter. Der Blattrand ist mäßig gesägt. Als Substrat benötigen sie eine lockere, humose Erde. Die Lufttemperatur sollte 22°C nicht übersteigen. Einen nassen Bodengrund vertragen die Pflanzen schlecht.

Cryptanthus rubra
Vorkommen: Brasilien; Höhe 15 bis 20 cm
Diese Art wird sehr häufig angeboten. Die grünen Blätter verfügen über zwei weißliche Streifen, die bei ausreichend Licht rosa schimmern.

Die Farne sind nicht ausnahmslos leicht zu pflegende Pflanzen. Sie vertragen weder zu feuchte noch zu trockene Paludariumverhältnisse. Wenn immer möglich, sollte die Vielfalt der Arten genutzt werden, um die Paludariumbepflanzung interessanter zu gestalten. Farne erreichen schnell eine beachtliche Größe, deswegen können sie lediglich in geräumigen Paludarien dauerhaft gepflegt werden.

Orchideen

Mit über 20.000 Arten bilden die Orchideen die artenreichste Blütenpflanzen-Familie. Wobei zusätzlich etwa dreimal soviele Hybriden, das heißt Kreuzungen, bekannt sind.

> **Tip:** Viele Orchideenarten sind für Paludarien geeignet. Jedoch vertragen sie bei weitem nicht so feuchte Verhältnisse, wie man annehmen könnte.

Orchideen gedeihen nicht immer zur vollen Zufriedenheit des Pflegers. Unter den Orchideen finden sich Bodenbewohner und Epiphyten, die an ihren meist langen, dicken, fleischigen Wurzeln zu erkennen sind. Aufgrund fehlender Sonneneinstrahlung, beziehungsweise mangelnder Lichtintensität, blühen die Orchideen im Paludarium eher selten. Zudem benötigen sie ein möglichst stabiles Paludariumklima, welches ihren angestammten Bedürfnissen entsprechen sollte. Für ein gutes Wachstum sollten sie während der Hauptwachstumszeit mäßig gedüngt werden. Im Handel sind meist Kreuzungen erhältlich. Diese Pflanzen besitzen in der Regel eine gute „Anpassung" an die Wohnzimmerverhältnisse und sind am ehesten

zum Sammeln von Erfahrungen in der Orchideenpflege geeignet.

Phalaenopsis

Vorkommen: Asien; Höhe um 30 cm
Aus Arten dieser Gattungen stammen wohl die am häufigsten verbreiteten Orchideenkreuzungen, die sehr verschiedenartig gefärbte Blüten haben können. Sie gedeihen als Epiphyten, ein wenig Substrat an den Wurzeln kann ihnen jedoch nicht schaden.

Oncidium

Vorkommen: Subtropisches Amerika, Karibik; Höhe um 20 cm.
Diese Orchideen eignen sich für den Epiphytenstamm, wobei sie vorzugsweise etwas Substrat benötigen. Die verschiedenen Arten aus dieser Gattung haben sehr unterschiedliche Temperaturbedürfnisse. Für das Paludarium sind besonders Sommer- und Herbstblüher geeignet. Die Pflanzen dürfen keiner allzu großen Feuchtigkeit ausgesetzt werden.

Dendrobium

Vorkommen: Asien; Höhe 20 bis 80 cm
Aus dieser Gattung sind ebenfalls zahlreiche Kreuzungen, in unterschiedlicher Wuchsgröße erhältlich. Es sollte darauf geachtet werden, daß Arten erworben werden, welche die warmen und feuchten Verhältnisse im Paludarium vertragen. Diese Arten sind dann auch für den Epiphytenstamm geeignet.

Farne

Unter den Farnen sind Arten die am Boden wachsen, wie auch Epiphyten zu finden.

Die tropischen Farne sind sehr wärmebedürftig. Staunässe vertragen besonders die epiphytisch wachsenden Farne sehr schlecht, überschüssiges Wasser an den Wurzelballen muß schnell abfließen können. Dennoch darf der Wurzelballen nie ganz austrocknen. Wichtig für ein zufriedenstellendes Wachstum ist für diese Arten auch eine hohe Lichtintensität.

Asplenium nidus

Vorkommen: Afrika, Asien, Australien; Höhe 20 cm bis 1 m
Diese Art zählt zu den Epiphyten. Das Nestfarn ist häufiger zu besprühen, verträgt aber auch keine Staunässe. Auffallend ist das langsame Wachstum, deshalb kann die Art, als Jungpflanze eingebracht, auch gut in kleineren Paludarien gepflegt werden.

Davallia trichomanoides

Vorkommen: Afrika, Asien, Australien; Höhe um 20 cm
In der Natur wächst diese Farnart auf Bäumen und bemoosten Steinen.
Vorsicht: Die Wedel einiger Büchsenfarnarten enthalten giftige Stoffe.

Nephrolepis exaltata

Vorkommen: Kosmopolit; Höhe 30 cm bis 1 m
Die Schwertfarne gedeihen auf dem Boden und als Epiphyten. Die Pflanze entwickelt viele Ausläufer, an deren Enden sich Jungpflanzen entwickeln. Unter günstigen Bedingungen kann diese Art eine beachtliche Größe erreichen, benötigt dafür aber einige Zeit.

Zimmerpflanzen

Als Zimmerpflanzen werden subtropische und tropische blütenlose Blattpflanzen bezeichnet. Obschon der überwiegende Teil der Zimmerpflanzen für Paludarien geeignet wären, steht doch die zu erwartende Größe der Pflanzen einer dauerhaften Pflege im Weg. Manche der Zimmerpflanzen sind jedoch kleinwüchsig oder zählen zu den Bodendeckern. Darunter sind einige Winzlinge, wie der Bubikopf, *Helxine soleirolii,* zu finden. Beliebt sind auch Kletterpflanzen. Das Efeu wird, neben dem Kletter-*Ficus*, häufig als Hintergrundbepflanzung verwendet. Hierbei scheint der dichte Wuchs der Kletterpflanzen das Paludariumklima zu verbessern. Das heißt, überschüssiges Wasser wird relativ schnell aufgenommen und zugleich wird die Luftfeuchtigkeit nach dem Besprühen der Pflanzen auf längere Zeit stabil gehalten.

Philodendron scandens

Vorkommen: Trop. Amerika; Höhe variabel
Neben dem sehr langsam wachsenden Baumfreund, *Philodendron* „Burgundy", ist dies eine für die Paludariumbepflanzung geeignetste Art.

Ficus pumila

Vorkommen: Asien; Höhe variabel
Der Kletter-*Ficus* ist eine sehr anpassungsfähige Art, die auch bei geringer Lichtintensität noch zufriedenstellend wächst. Damit die schnellwüchsige Pflanze nicht andere Paludariumpflanzen langsam zudeckt und vom Licht abschneidet, ist sie, wenn nötig, zurückzuschneiden.

Fittonia verschaffeltii
Vorkommen: Kolumbien bis Peru; Höhe um 20 cm
Bodendecker mit mittleren Lichtansprüchen.

Pilea cadierei
Vorkommen: Kosmopolit; Höhe bis 30 cm
Die Kanonierblumen gedeihen auch bei mittleren Lichtverhältnissen. Die Blätter sind sehr ansprechend gezeichnet und bilden einen hübschen Kontrast zum Grün anderer Pflanzenarten.

Die Sumpfpflanzen
Viele der in Aquarien verwendeten Wasserpflanzen zählen eigentlich zu den Sumpfpflanzen. Sie können je nach Art, sowohl über wie auch unter Wasser mehr oder weniger dauerhaft gepflegt werden. Im weichen bis mittelharten Wasser ist vielfach ein besseres Wachstum gegeben. Offensichtlichster Unterschied bei der Überwasser- oder Unterwasserpflege sind dabei unterschiedliche Entwicklungen der Blätter, die den Pflanzen oft ein anderes Aussehen verleihen. Ein umgewöhnen solcher Wasserpflanzen ist vielfach nicht nötig. Viele Zuchtbetriebe vermehren die Pflanzen über Wasser, sie werden also in dieser Überwasserform gezüchtet. Sofern aktuell in den Handel gelangende Pflanzen erworben werden, kann man sie direkt im Sumpfteil einpflanzen. Wichtig für die meisten Sumpfpflanzen ist jedoch eine sehr hohe Luftfeuchtigkeit. Bekannteste

Vertreter der Sumpfpflanzen sind wohl die *Echinodorus*-Arten, die auch bei mäßiger Luftfeuchtigkeit schöne Blätter ausbilden können.

Anubias barteri
Vorkommen: Westafrika; Höhe bis 40 cm
Speerblätter sind sehr anspruchslose, langsam wachsende Pflanzen, die auch bei wenig Licht gut gedeihen.

Bolbitis heudelotii
Vorkommen: Afrika; Höhe um 20 cm
Das Kongo-Wasserfarn wächst an natürlichen Standorten in Spritzwasserzonen von Fließgewässern, es benötigt für eine emerse Pflege ähnliche Voraussetzungen. Die Wurzeln werden vorzugsweise auf ein Stück Moorkienholz aufgebunden, welches unter Wasser plaziert wird.

Microsorum pteropus
Vorkommen: Südostasien; Höhe um 25 cm
Der Javafarn gedeiht über Wasser nur unzureichend. Für die Pflege unter Wasser ist es neben dem Speerblatt eine kaum mehr wegzudenkende Pflanzenart für das Paludarium. Es kann - auf Moorkienholz aufgebunden - prächtige Pflanzenbestände bilden.

Hygrophila corymbosa
Vorkommen: Indien, Malaysia, Indonesien; Höhe um 40 cm
Der Große Wasserfreund ist eine schnell wachsende Pflanzenart, mit eher hohen Lichtansprüchen. Für ein zufriedenstellendes Wachstum über Wasser benötigt die Pflanze ein nährstoffreiches Substrat.

Cryptocoryne wendtii
Vorkommen: Sri Lanka; Höhe um 15 cm
Die Wasserkelche gehören wohl zu den beliebtesten Aquarienpflanzen. Auf ständige Veränderungen in der Wasserbeschaffenheit reagieren sie empfindlich. Ansonsten stellen die meisten im Handel angebotenen Arten keine speziellen Ansprüche an die Pflegebedingungen.

Die Wasserpflanzen
Im Prinzip unterteilt man die an das Wasser gebundenen Pflanzen in drei Gruppen. Zum einen gehören die eben behandelten Sumpfpflanzen dazu. Zum anderen bilden die echten Wasserpflanzen, welche nur unter Wasser gedeihen können, eine nur kleine Gruppe. Die dritte Grup-

Unter den Wasserpflanzen mit mittleren Lichtansprüchen sind die Vallisnerien sehr beliebt. Sie gedeihen zwar nicht immer sehr zufriedenstellend, stellt sich jedoch ein gutes Wachstum ein, bilden die Pflanzen schnell einmal dichte Bestände.

pe bilden die Schwimmpflanzen. Alle an das Wasser gebundenen Pflanzenarten benötigen eine Wasserbeschaffenheit, die ihren natürlichen Vorkommensgebieten entsprechen. Für das Paludarium sind die echten Wasserpflanzen sehr gut geeignet. Bei Oberflächenpflanzen, die sehr schnell wachsen können, ist darauf zu achten, daß sie die darunterwachsenden Pflanzen nicht vollständig vom Licht abschirmen.

Vallisneria spiralis
Vorkommen: Kosmopolit; Höhe 40 bis 60 cm
Die Gewöhnliche Sumpfschraube hat mittlere Ansprüche an die Lichtintensität. Sie gilt als anspruchslose Pflanze, gedeiht aber nicht in jedem Fall zufriedenstellend.

Ceratophyllum demersum
Vorkommen: Kosmopolit; Höhe variabel
Das Hornkraut trägt, wie die anderen echten Wasserpflanzen auch, maßgeblich zur Verbesserung der Wassergüte bei. Die wurzellose Oberflächenpflanze wächst auch noch bei geringen Lichtintensitäten gut.

Egeria densa
Vorkommen: Argentinien, Brasilien; Höhe variabel
Die Wasserpest stammt eigentlich aus kühleren Regionen, läßt sich aber auch im warmen Wasser gut pflegen. Sie benötigt etwas mehr Licht als die anderen hier genannten Wasserpflanzen.

Die Schwimmpflanzen
Die Gruppe der Schwimmpflanzen besteht aus Gewächsen, die - wie der Name schon besagt - auf oder unter der Wasserober-

fläche schwimmen. Sie wachsen in der Natur in stehenden oder sehr langsamfließenden Gewässerabschnitten. Manche Arten bilden imposante Unterwasserblätter aus, unter denen kleinere Fischarten gerne Schutz suchen. Die Schwimmpflanzen verlangen nach ausreichend Licht. Auf Nässe auf ihren Blättern reagieren sie in der Regel sehr empfindlich, mit Ausnahme der Wasserlinsen. In Paludarien sind Schwimmpflanzen sehr beliebt, obschon sie bei geringeren Lichtverhältnissen nie ihre volle Pracht entfalten können.

Eichhornia crassipes
Vorkommen: Tropisches Amerika; Höhe um 20 cm
Die Wasserhyazinte verlangt viel Licht und eine gute Luftzirkulation. Im Paludarium blüht sie eher selten.

Pistia stratiotes
Vorkommen: Kosmopolit; Höhe um 10 cm
Die Muschelblume benötigt relativ viel Licht und reagiert sehr empfindlich auf Spritzwasser, das für längere Zeit an den samtigen Blättern haften bleibt. Je geringer die Lichtverhältnisse, um so mehr kümmert die ansonsten wuchsfreudige Pflanze.

Riccia fluitans
Vorkommen: Kosmopolit; Höhe um 1 cm
Das Teichlebermoos treibt direkt unter der Wasseroberfläche und bildet dichte, zentimeterdicke Polster aus. Die Lichtansprüche können als mittel bezeichnet werden.

Im Grunde lassen sich alle Aquarienfische ausgezeichnet in einem Paludarium pflegen. Vor allem all jene Fische, die in lichtarmen tropischen Gewässerabschnitten leben, fühlen sich im Vergleich zu den gut beleuchteten, herkömmlichen Aquarien, in den oft eher schwach beleuchteten Paludarien sehr wohl. Einige Fischarten können überhaupt nur in einem Paludarium artgerecht gepflegt werden. Nachfolgend werden einige solcher Arten erwähnt.

> **Hinweis: Damit die Fische artgerecht gepflegt werden können, hat sich der Pfleger über die Ansprüche und Bedürfnisse der jeweiligen Arten zuerst einmal ausreichend in Kenntnis zu setzen.**

Dies beinhaltet die Ansprüche an die Wasserqualität und die benötigten Lebensraumstrukturen. Das Sozialverhalten gegenüber Artgenossen oder artfremden Fischen sollte ebenso bekannt sein, wie auch die Fortpflanzungsstrategien. Raubfische dürfen nicht mit kleinen, friedlicheren Arten vergesellschaftet werden. Auch wenn sich die kleinen Fische durch eine schnelle Flucht in Sicherheit bringen können, bedeutet dies einen großen Streß für sie. Wichtig ist, daß die Fische ihre Verhaltensweisen im Paludarium völlig entfalten können. Einerseits spielt das vorhandene Volumen des Wasserteils eine große Rolle. Andererseits ist auch die Wassertiefe ein Faktor, der die Auswahl der Fische mitzubestimmen hat. Verfügt ein Paludarium nur über eine geringe Wassertiefe, können nur bestimmte Fischarten darin gepflegt werden. So sind dies vor allem jene Fische, die in der Natur in seichten Gewässerabschnitten leben. Als Grundsatz für die Auswahl der Fische kann gelten: Weniger ist mehr! Und in jedem Fall dürfen nur Fische miteinander gepflegt werden, die auch dieselben Ansprüche an einen bestimmten Lebensraum stellen. Mißachtet der Pfleger diese obengenannten Grundregeln, bezahlen die Fische dies mit einem frühzeitigen Ableben.

Artgerechte Fischpflege im Paludarium

Unter dem Begriff der artgerechten Pflege sind die unterschiedlichsten Aspekte zusammengefaßt. Zuerst einmal müssen die Wassermenge, die optimale Lichtmenge, eine Heizung zur Regulierung der Wassertemperatur, die Wasserfilterung und natürlich die Wasserqualität auf die gepflegten Fischarten abgestimmt werden. Der wichtigste Punkt ist dabei bestimmt die Wasserqualität. In diesem Zusammenhang müssen Wasserhärte und pH-Wert bekannt sein. Daneben spielt aber die Gestaltung des Lebensraums eine ebenso wichtige Rolle. Die Dichte des Pflanzenbestands und die Anordnung der Einrichtungsgegenstände, wie Moorkienwurzeln und Steine als bekannteste Elemente, sollen den Bedürfnissen der Fische Rechnung tragen. So kann jedes Paludari-

Für die Pflege im Paludarium sind Fadenfische geradezu geschaffen. Durch ihre Anpassung an seichte Gewässerabschnitte und ihrer Möglichkeit, atmosphärischen Sauerstoff aufzunehmen, fühlen sie sich in einem Paludarium besonders wohl.

Fische, wie der Schokoladen-gurami sind sehr heikle Pfleglinge. Sie lassen sich nur in einem Art-aquarium zufriedenstel-lend pflegen. Werden solche, sehr scheue und anspruchs-volle Fischarten zusammen mit anderen Fi-schen gepflegt, sterben sie meist sehr bald. Wird nur eine solche „seltene" Fischart in einem Paludari-um gepflegt, macht dies ein Paludarium erst recht zu einer Besonderheit, in der das Ver-halten der Fische ungestört beobachtet werden kann.

um als „Sonderfall" betrachtet werden. Nicht zu vergessen sind auch die jeweiligen Verhaltensweisen und die optimale Popu-lationsdichte einer bestimmten Fischart, welche Einfluß nehmen.

Achtung: **Die Komplexität der Anforde-rungen erhöht sich, wenn mehrere Fischar-ten miteinander gepflegt werden.**

Einen nicht zu unterschätzenden Einfluß nehmen auch die regelmäßig durchzu-führenden Pflegemaßnahmen auf die Gesundhaltung der Fische. Die Zeitspannen zwischen den Filterreinigungen und der Teilwasserwechsel haben beispielsweise einen erheblichen Einfluß auf die Stabilität der Wassergüte. Die Qualität eines Lebens-raums bemißt sich für die Fische nicht nur alleine an einer hohen Nachkommensrate. Ebenso kann ein überdurchschnittlich hohes erreichtes Alter nicht als alleiniger Beweis für eine artgerechte Pflege gelten. Neben Pflegefehlern, wie eine ungünstige Wasserqualität oder Überfütterung, können ein ungeeigneter Lebensraum und die Ver-gesellschaftung mit falschen Fischarten und manches mehr, zu Streßerscheinungen führen, welche die Lebenserwartung ver-kürzen. Durch kleine Korrekturen an den Pflegevoraussetzungen können Streß oder Aggressionen bei Fischen abgebaut und somit verbesserte Lebensbedingungen geschaffen werden. Selbst ein regelmäßiges und gezieltes mäßiges Füttern kann eine positive Wirkung auf das gesamte Verhalten der Fische haben. Um einen künstlichen „Biotop" namens Paludarium am Leben zu erhalten, hat sich der Pfleger ein nicht zu

unterschätzendes Wissen anzueignen. Opti-males Wissen ist aber auch für die optimale Pflege von Fischen unbedingt nötigt. Neben dem Studium von Fachliteratur ist auch die Erfahrung ein ausschlaggebender Faktor, der eine erfolgreiche Pflege oder Zucht von Fischen erst möglich macht. Deshalb lohnt es sich die ersten Erfahrungen mit leicht zu pflegenden Fischen zu sammeln. Die hier aufgeführten Beispiele stellen bei weitem keine ausführlichen Darstellungen dar, was eine artgerechte Pflege sein sollte. Viel eher sollen sie darauf aufmerksam machen, daß die Pflege von Fischen im Paludarium gewis-se Kenntnisse voraussetzt.

Was ist ein Artaquarium

Der Begriff des Artaquariums hat auch für Paludarien interessante Aspekte. Grund-sätzlich kennt man zwei Formen der Aqua-rienfischpflege. Zum einen erfreut sich das Gesellschaftsaquarium, in dem mehrere Fischarten miteinander gepflegt werden, höchster Beliebtheit. Zum anderen besteht auch die Möglichkeit, nur eine einzige Fischart in einem sogenannten Artaquari-um zu pflegen.

Weshalb Gesellschaftsaquarien populär sind, ist kaum verwunderlich. Viele der tro-pischen Fische lassen sich ausgezeichnet vergesellschaften. Auch lädt der fantastische Farben- und Formenreichtum der Fische geradezu ein, verschiedene Arten gleichzeitig zu pflegen. Sofern die Fischarten, welche aus unterschiedlichen Vorkommensgebieten stammen, vom Verhalten her harmonieren und vergleichbare Bedürfnisse bezüglich Lebensraum und Wasserqualität besitzen, ist selbstverständlich nichts gegen ein Gesellschaftsaquarium einzuwenden. Manche Fischarten, wie beispielsweise die „gefürchteten" Piranhas oder sehr aggressive Buntbarsche, lassen sich jedoch nur in einem Artaquarium optimal pflegen. Darüberhinaus sprechen aber noch viele andere Gründe für ein Artaquarium. Die Einrichtung des Paludariums und die Wasserqualität kann genauestens auf die Bedürnisse der einen Fischart abgestimmt werden. Dabei entfallen Streßerscheinungen, was sich günstig auf die Lebenserwartung der Fische auswirkt. Selbst die als „Allerweltsfische" abgestempelten Guppys und Platys entfalten sich in einem geräumigen Wasserteil eines Paludariums prächtig, was sie mit reichlich Nachwuchs danken. Bei ausreichenden Versteckmöglichkeiten im Pflanzendickicht stellen die Elterntiere ihren Jungen kaum nach. Auf diese Weise kann über die Jahre hinweg ein einzelner Zuchtstamm erhalten werden, ohne daß neue Fische hinzugekauft werden müssen.

> **Tip:** Das Einrichten eines Paludariums ist mehr als nur die Gestaltung eines optisch reizvollen Lebensraums für Tiere.

Der Betrieb eines Paludariums verlangt vom Pfleger eine gesamtheitliche Betrachtung der gegensätzlichen natürlichen Elemente. Deshalb wurden auch die ebengenannten Aspekte, einer artgerechten Fischpflege oder die Möglichkeit in einem Paludarium nur eine Fischart zu pflegen, angesprochen. Bei der Pflege eines Paludariums muß auf sehr viele Dinge gleichzeitig geachtet werden, so daß bei mangelnder Erfahrung in jedem Fall die Pflege der Fische oder anderer Tierarten keine unnötigen Probleme hervorrufen sollten.

Der Fischbesatz

Neben den im nächsten Abschnitt erwähnten Fischarten, denen eine Pflege im Paludarium entgegen kommt, haben noch weitere Arten vorzügliche Voraussetzungen für diesen künstlichen Lebensraum.
Nahe des - oder auf dem - Bodengrunds leben die bodenorientierten Fischarten. Dazu gehört zum Beispiel die Fischgruppe der Welse. Unter den Welsen gibt es Arten, die Raubfischen gleichkommen und andere Arten, die fast ausschließlich pflanzliche Nahrung aufnehmen. Zu den letzteren gehören eine Reihe von algenfressenden Welsarten, wie die Saugwelse, *Otocinclus affinis,* und die Blauen Antennenwelse, *Ancistrus dolichopterus,*

die übrigens für eine dauerhafte Pflege auf Moorkienwurzeln angewiesen sind, da Holzbestandteile Teil der benötigten Nahrung

Ist der Wasserteil ausreichend groß, können darin auch größere Buntbarsche gepflegt werden. Gerade bei jenen Arten, die durch ihre Vorliebe im Bodengrund zu wühlen bekannt sind, macht sich das üppige Grün über der Wasseroberfläche bemerkbar. So muß nicht auf die Wirkung der Pflanzen verzichtet werden.

Schlammspringer und Vieraugenfische können nur in einem Paludarium einen optimalen künstlichen Lebensraum finden. Durch ihre Lebensweise benötigen sie eine besondere Einrichtung. Zugleich sind sie sehr heikel und daher zum Sammeln der ersten Erfahrungen in der Fischpflege überhaupt nicht geeignet.

ausmachen. Nicht zu vergessen sind die Panzerwelse als vorzügliche Restevertilger. Weiterhin sind die Siamesischen Grünflossenbarben, *Crossocheilus siamensis,* und sogar die Black Mollys, *Poecilia sphenops,* gute Algenvertilger, sofern ihnen nicht andere Nahrung im Überfluß angeboten wird.

In den mittleren Wasserschichten halten sich die Salmler gerne auf, vorausgesetzt die Wassertiefe erlaubt dies. Alle kleinwüchsigen Salmlerarten, wie die Roten Neon, *Paracheirodon axelrodi,* oder beispielsweise die „Roten von Rio", *Hyphessobrycon flammeus,* gehören dazu. Unter den Kärpflingen und Barben sind ebenso manche interessante geeignete Fischarten zu finden. Für einen 100 l fassenden Wasserteil eines Paludariums könnten zum Beispiel ein Schwarm von 20 Salmlern und einige algenfressende Welse einen idealen Fischbesatz darstellen.

Paludarien mit etwas geringerer Wassertiefe von 30 bis 40 cm eignen sich hervorragend für die Pflege der kleinen *Apistogramma*-Arten oder Purpurprachtbarsche, *Pelvicachromis pulcher,* welche paarweise im „Artpaludarium" gepflegt, sich schnell einmal fortpflanzen können. Den Labyrinthfischen kann für die meisten im Handel angebotenen Arten im Paludarium ein artgerechter Lebensraum bereitgestellt werden. Sollen größere Buntbarscharten

und andere großwüchsige Fische gepflegt werden, dann hat sich das Volumen des Wasserteils natürlich danach zu richten. Hierbei ist auch zu bedenken, daß unter den größeren Fischen manche auch gerne im Bodengrund wühlen, feingliedrigere Pflanzen fressen und dies somit auch Konsequenzen für den Pflanzenbestand hat.

In den oberen Wasserschichten oder direkt unter der Oberfläche leben zum Beispiel die später noch vorgestellten Beilbauchfische und andere sehr interessante Fischarten.

Typische Paludariumfische

Schlammspringer
Periophthalmus barbarus

Vorkommen: Afrika und Asien; Körperlänge um 15 cm

Wasserwerte: Härte im mittleren Bereich, pH-Wert 8-8,5, Temperatur 25-28 °C; der Meersalzzusatz soll etwa 1-2 % betragen.

Die Schlammspringer leben in den Gezeitenzonen der Flußmündungen. Die Fische sind überaus wendig und dies auch auf dem Land. Das Paludarium ist deshalb gut zu verschließen, was auch für die Lufttemperatur günstig ist, sie darf nämlich nicht allzu sehr unter der Wassertemperatur liegen. Schlammspringer bilden Reviere und können in kleinen Paludarien nicht zufriedenstellend gepflegt werden. Auch graben sie sich gerne im Sand ein, was bei der Einrichtung zu berücksichtigen ist. Ihr Futter besteht aus Lebendfutter, wie Grillen. Insbesondere Würmer werden gerne gefressen. Flockenfutter wird ebenfalls angenommen, darf aber nicht den Hauptbestandteil der Nahrung

ausmachen. Die Schlammspringer sind heikle Pfleglinge, die höchste Aufmerksamkeit verlangen.

Schützenfisch
Toxotes jaculatrix
Vorkommen: Asien; Körperlänge um 24 cm
Wasserwerte: mittelhartes Brackwasser, es ist auch eine Pflege mit geringerem Salzgehalt möglich; Härte um 10 °dGH, pH-Wert um 6,5, Temperatur 25-28 °C
Die Schützenfische sind meist friedliche Schwarmfische. Es können aber nur gleichgroße Exemplare problemlos miteinander gepflegt werden. Kleinere Fische werden von größeren Artgenossen oft attackiert. Bei zu kleinen Trupps, unter drei bis fünf Fische, können plötzlich „Rivalenkämpfe" ausbrechen, die zum Tode einzelner Tiere führen. Bei einer Schußentfernung bis zu einer Distanz von 150 cm vermögen die Schützenfische Insekten von über dem Wasserspiegel liegenden Ästen abzuschießen. Die so auf die Wasseroberfläche fallenden Insekten werden blitzschnell erbeutet. Als Lebendfutter dienen Heimchen, Fliegen und Heuschrecken, die auch auf die Oberfläche geschüttet, sofort gefressen werden.

Schmetterlingsfisch
Pantodon buchholzi
Vorkommen: Nigeria, Kamerun, Zaire; Körperlänge um 10 cm

Wasserwerte: Härte bis 10 °dGH, pH-Wert um 6,5, Temperatur 24-28 °C
Schmetterlingsfische sind recht unverträglich, kleinere Fische werden gerne gefressen. Sie lassen sich am besten zusammen mit Welsen vergesellschaften. Schmetterlingsfische können ausgezeichnet springen, deshalb sollte das Paludarium über eine Frontscheibe verfügen und möglichst keinen Landteil aufweisen. Als typische Oberflächenfische spielt die Wassertiefe weniger eine Rolle, 20 cm reichen bereits aus. Dagegen sollte die Grundfläche des Wasserteils möglichst groß sein. Als Futter werden lebende Insekten, wie Heimchen oder sich nahe der Oberfläche aufhaltende Insektenlarven bevorzugt. Auch Flockenfutter wird angenommen.

Beilbauchsalmler
Carnegiella strigata strigata
Vorkommen: Peru; Körperlänge um 4 cm
Wasserwerte: Härte bis 20 °dGH, pH-Wert 5,5-7,5, Temperatur 23-28 °C
Neben dem Marmorierten Beilbauchfisch finden sich noch weitere Arten beziehungsweise Unterarten dieser höchst interessanten Fische im Handel. Die Beilbauchsalmler sind friedliche Schwarmfische, die in größeren Gruppen zu pflegen sind. Sie dürfen nur mit ebenfalls sehr friedlichen Fischen zusammen gepflegt werden. Eine leichte Wasserströmung kommt ihnen sehr entgegen. Sie sind sehr gute Springer, darum ist das Paludarium verschlossen zu halten. Zur Fütterung dient Lebendfutter, wie Mückenlarven oder Obstfliegen und anderes. Flockenfutter sollte nur hin und wieder gereicht werden. Diese Fische gelten als anspruchsvolle Pfleglinge.

Die Schützenfische sind auf die Pflege in einem Paludarium angewiesen. Durch ihre Fähigkeit, mittels eines Wasserstrahls über der Wasseroberfläche auf einem Ast sitzende Insekten abzuschießen, kann auf den Luftraum kaum verzichtet werden.

Hechtköpfiger Halbschnäbler
Dermogenys pusillus

Vorkommen: Südostasien; Körperlänge 7 cm
Wasserwerte: Härte bis 10 °dGH, pH-Wert um 7, Temperatur 20-28 °C; etwas Meersalzzusatz von rund zwei Teelöffeln auf 10 l Wasser wird empfohlen. Die im Handel angebotenen Fische können jedoch normalerweise in reinem Süßwasser gehalten werden.
Halbschnäbler sind lebhafte Oberflächenfische. Gegenüber Artgenossen zeigen sie oft ein zänkisches Gebaren. Besonders die Männchen untereinander führen erbitterte Kämpfe, die starke Verletzungen nach sich ziehen können. Aufgrund ihres aggressiven Verhaltens werden mit diesen Fischen in Asien - ähnlich wie bei den Siamesischen Kampffischen - Fischkämpfe durchgeführt. Nicht nur deshalb muß den Fischen eine möglichst goße Grundfläche bereitgestellt werden. Gegenüber anderen Fischen zeigen sie kein aggressives Verhalten, so können sie beispielsweise gut zusammen mit kleinwüchsigen Salmlern gepflegt werden. Das Futter muß hauptsächlich aus Lebendfutter bestehen. Sie nehmen in der Regel aber auch Flockenfutter bereitwillig an. Die Halbschnäbler können sehr gut springen, was nach einem geschlossenen Paludarium verlangt.

Zwergfadenfisch
Colisa lalia

Vorkommen: Indien; Körperlänge um 5 cm
Wasserwerte: Härte bis 10 °dGH, pH-Wert um 6, Temperatur 24-28 °C
Die Zwergfadenfische stehen hier stellvertretend für die Fischgruppe der Labyrinthfische, die allesamt ausgezeichnet in Paludarien gepflegt werden können. Mit ihrem zusätzlichen Atmungsorgan können die Labyrinthfische atmosphärische Luft atmen, so daß ihnen die temperierte Luft über der Wasseroberfläche sehr entgegen kommt. Die Zwergfadenfische fühlen sich auch bei geringem Wasserstand wohl, benötigen aber unbedingt saubere Wasserverhältnisse. Ihr Futter kann sowohl aus Lebendfutter als auch aus Flockenfutter bestehen, selbst Algen werden hin und wieder gefressen. Die friedlichen und eher scheuen Zwergfadenfische dürfen nur mit kleineren friedlicheren Arten gepflegt werden.

Stahlblauer Prachtkärpfling
Aphyosemion gardneri

Vorkommen: Westafrika; Körperlänge um 6 cm
Wasserwerte: Härte um 7 °dGH, pH-Wert 6-7, Temperatur 22-25 °C
Dieser Prachtkärpfling steht hier stellvertretend für alle Killifische. Die in der Regel friedlichen Killifische sollten nur im „Artaquarium" gepflegt werden. Vielen Arten kommt ein Bodengrund aus Torffasern sehr entgegen. Der Stahlblaue Prachtkärpfling ist ebenfalls ein friedlicher Fisch, der aber unter Umständen artfremde Fische attackieren kann. Besonders Guppys mit ihren langen farbigen Schwanzflossen scheinen für sie ein Feindbild darzustellen, was zu überaus heftigen Attacken führt. Als Futter nimmt diese Art kleines Lebendfutter, wie auch Flockenfutter an. Die heutigen Zuchtstämme sind sehr robust und können auch vom unerfahrenen Pfleger gut gehalten werden. Dadurch, daß sie sich auch im weniger tiefen Wasserteil wohl fühlen, sind diese Prachtkärpflinge und auch andere Killifischarten bestens für Paludarien geeignet.

Paludarien, besonders wenn sie über einen Landteil verfügen, laden geradezu ein, zusammen mit den Fischen noch andere Tierarten darin zu pflegen. Grundsätzlich ist dagegen auch nichts einzuwenden. Trotzdem muß gewarnt werden. Tiergemeinschaften, wie sie in zoologischen Gärten zu bewundern sind, verlangen vom Pfleger ein großes Wissen über alle ausgewählten Tierarten. Die verschiedenen Tierarten dürfen miteinander weder in Konflikt geraten, noch die gleichen Lebensräume beanspruchen. Zumindest dürfen in dieser Hinsicht keine Revierüberschneidungen zu Auseinandersetzungen führen. Sobald eine Tiergemeinschaft in einem Paludarium realisiert werden soll, ist die erste zu beantwortende Frage die, ob der zur Verfügung stehende Raum überhaupt noch weiteren Tierarten Lebensraum bieten kann. Je größer das Paludarium, um so eher besteht die Möglichkeit, weitere Tierarten zu den Fischen einsetzen zu können. Es versteht sich wohl von selbst, daß den Ansprüchen von weiteren Tierarten an ihren künstlichen Lebensraum und ihren Bedürfnissen ebenso Rechnung getragen wird, wie das auch bei den Fischen der Fall ist.

Je nach Paludariumtyp und seinen künstlich hergestellten klimatischen Bedingungen können Reptilien, wie Wasserschildkröten, Frosch- oder Schwanzlurche aber auch Insekten, wie Stabheuschrecken oder Spinnentiere in einem Paludarium untergebracht werden. Selbst kleine Vogelarten, wie Zebrafinken finden bei ausreichendem Flugraum im Paludarium ideale Verhältnisse. Darüberhinaus können sich auch Tierarten, die im Wasser oder in der Über-

gangszone zum Land leben, gut mit entsprechenden Fischarten den vorhandenen Lebensraum teilen. Zum Beispiel könnten dies sein: Krabben, Krebse oder Schnecken. Auf jeden Fall dürfen nur jene, als Terrarientiere angesehene Arten in einem Paludarium untergebracht werden, die nicht allzu groß werden oder Fische auf ihrem Speiseplan haben. Weiterhin dürfen die ausgewählten Tierarten kein ausgeprägtes Fluchtverhalten vor dem Menschen aufweisen. Nicht, daß sie etwa bei einer schnellen Flucht ins Wasser gelangen und sogar ertrinken könnten. Zudem sollte ein Paludari-

Zoologische Gärten, wie hier der Berner Tierpark Dählhölzli, zeigen oft Tiergemeinschaften, bei denen sich verschiedene Tiere ein Gehege teilen und friedlich nebeneinander leben. In einem Heimpaludarium können aber Tiergemeinschaften nur sehr beschränkt realisiert werden. Zudem benötigt der Pfleger einiges an Kenntnissen, damit keine der Tierarten Schaden nimmt. Unter Umständen kann es sich lohnen die gewünschten Tierarten erst einmal getrennt zu pflegen, um sich über ihre Besonderheiten ausreichend in Kenntnis zu setzen.

Für die Pflege im Paludarium sind viele Reptilienarten nicht geeignet. Auf jeden Fall sollte der Landteil ausreichend Platz bieten, damit die Reptilien ausreichend festen Boden unter den Füßen zur Verfügung haben. Unter anderem eignen sich manche Vertreter aus der Familie der Anolis, für die Pflege in einem Paludarium.

bestimmte Froschlurche. Um das Wasser durch die Ausscheidungen der landbewohnenden Tiere nicht allzu stark zu belasten, dürfen weiterhin nur wenige Individuen den Landteil bevölkern. Zudem sollten die Landbewohner durch ihre Lebensweise den Pflanzenbestand nicht beeinträchtigen.

um, welches Landtieren ein Heim bietet, stets über einen flach auslaufenden Wasserteil zum Land hin besitzen, so daß bei einem möglichen Fehltritt ein ins Wasser geratenes Landtier aus eigener Kraft wieder trockenen Boden unter seinen Füßen erhält. Von Landtieren im Paludarium, die überhaupt nicht schwimmen können und zudem noch sehr „träge" sind, wie beispielsweise Landschildkröten, muß unbedingt abgeraten werden. Solche Tierarten können nur in einem Terrarium gepflegt werden. Dasselbe gilt für die farbenprächtigen Pfeilgiftfrösche, die, wenn sie ins tiefe Wasser gelangen, absinken und sofort ertrinken.

Für die Pflege im Paludarium sind am ehesten noch Landtiere mit einem ruhigen Verhalten und einem sicheren Klettervermögen geeignet. Dies sind kleine Echsen und

Reptilien

Reptilien haben sich an die verschiedensten Lebensräume angepaßt. In Wüstengebieten, wie auch Feuchtgebieten auf dem Boden und im Wasser, wie auch auf Bäumen, leben die unterschiedlichsten Reptilienarten. Immer sind jedoch die Reptilien, als wechselwarme Tiere, von ihrer Umgebungstemperatur abhängig. So ist auch der Landteil gegebenenfalls zu beheizen, um den Reptilien ein gesundes Wachstum zu garantieren. Auch die Lichtverhältnisse und die Luftfeuchtigkeit müssen ihren Ansprüchen gerecht werden. Bei heikleren beziehungsweise wärmebedürftigeren Arten muß sogar ein Wärmestrahler im Paludarium untergebracht werden. In der Folge kann die Wärmeentwicklung den Pflanzenwuchs beeinträchtigen. Ein Einbringen von Reptilien in Paludarien ist nicht nur aus diesem Grund gut zu überdenken. Für ein feuchtwarmes Paludarium mit eher geringen Lichtverhältnissen können durchaus eine Reihe von Reptilien infrage kommen. Gerade unter den Echsen finden sich etliche Terrarientiere, die sichere Kletterer sind und sich im Klima des Paludariums wohlfühlen.

Echsen

Kleine Echsen finden im reich bepflanzten Paludarium ausreichend Versteckmöglichkeiten. Beschränkt man sich auf Arten, die vorwiegend auf Bäumen leben, besteht zudem weniger die Gefahr, daß sie ins Wasser geraten. Trotzdem sollte auch bei baumbewohnenden Echsenarten ein ausreichend großer Landteil im Paludarium angelegt werden. Durch den zierlichen Wuchs mancher Kleinechsen wird der Pflanzenbestand kaum beeinträchtigt. Viel eher können die Futtertiere der Echsen, wie Heimchen und Heuschrecken den Pflanzen Schaden zufügen, indem sie sie als willkommenes Futter betrachten. Bald wird man feststellen, daß es unter den Futtertieren wahre Überlebenskünstler gibt, die sich nicht ohne weiteres von den Echsen erbeuten lassen. Deshalb muß auch beobachtet werden, wie sich die Futterinsekten verhalten. Wird eine Heuschrecke zu groß, um von den Echsen erbeutet zu werden, ist sie aus dem Paludarium zu entfernen. Ansonsten wäre sie in der Lage, sich sukzessive durch den Pflanzenbestand zu fressen. Dem kann insoweit entgegengewirkt werden, daß neben Pflanzenarten mit zähen Blättern auch bewußt einige Pflanzen mit feinen Blättern ins Paludarium eingebracht werden. Gelegentlich sind dann diese von den Futterinsekten bevorzugten Pflanzen auszutauschen. Dieses Vorgehen hilft mit, den übrigen Pflanzenbestand zu schonen. Aber auch dann wird man gelegentlich noch unschöne Fraßspuren an den Blättern feststellen können. Dies nur so nebenbei bemerkt, um spätere Enttäuschungen zu vermeiden.

Für die Pflege im Paludarium sind die Anolis zu empfehlen. Anolis gehören zur Familie der Leguane und unter ihnen finden sich überaus gute Kletterer, die das Astwerk im Paludarium kaum verlassen. Nur zur Eiablage suchen sie den Boden auf. Durch ihre ruhige Lebensweise fügen sie den Pflanzen wenig Schaden zu. Vorausgesetzt man beschränkt sich auf die kleinwüchsigen Arten. Diese und andere Echsenarten sollten nur paarweise gepflegt werden. Die Männchen liefern sich mitunter erbitterte Revierkämpfe, so daß schnell einmal einer der Kontrahenten ins Wasser fallen kann. Die Anolis sind eher scheue Tiere, die schnell flüchten, wenn sie sich bedroht fühlen. Sie benötigen also viele Verstecke im Pflanzendickicht, um sich gegebenenfalls vor dem vors Paludarium herantretenden Pfleger verbergen zu können. Dieses Beispiel zeigt auch, daß Paludarien nicht zur Schaustellung von Tieren gedacht sind, sondern den Betrachter veranlassen, die Tiere in ihrem künstlichen Lebensraum durch aufmerksames Beobachten und oft geduldiges Suchen zu entdecken, was eben den Reiz einer solchen Tiergemeinschaft ausmacht.

Aus der Familie der Geckos sind viele Arten fürs Paludarium geeignet. Die Geckos sind

Paludarium geeignet. Ihren körpereigenen Wasserhaushalt regulieren sie, indem sie nach dem Besprühen der Pflanzen kleine Wassertropfen von den Blättern auflecken. Mit dem Wasser haben aber die Geckos ansonsten keine Berührungspunkte. Der Wasserteil muß daher bei der Pflege von Echsen zugunsten des Landteils möglichst klein gehalten sein.

Nachfolgend sind zwei Echsenarten genannt, die im gut verschlossenen Regenwaldpaludarium viel Freude bereiten können.

Rotkehlanolis
Anolis carolinensis

Vorkommen: Im Südosten Nordamerikas; Körperlänge um 20 cm

Temperatur: Tag 23-26 °C und des Nachts 18-20 °C

Die Rotkehlanolis sind wohl die empfehlenswertesten Echsen für das Regenwaldpaludarium. Sie benötigen durch den wärmefreisetzenden Wasserteil keine zusätzliche Beheizung. Jedoch ist eine zeitweilig zugeschaltete UV-Beleuchtung erforderlich. Ihr Futter besteht aus Heimchen, Heuschrecken und Mehlwürmern sowie Wiesenplankton.

Madagassischer Taggecko
Phelsuma madagascariensis

Vorkommen: Madagaskar; Körperlänge bis 18 cm

Temperatur: 24-28 °C

Die Phelsumen zählen zu den geschützten Tierarten. Heute werden jedoch regelmäßig nachgezüchtete Tiere angeboten. Der Landteil ist zusätzlich zu beheizen und eine zeit-

Die Taggeckos zählen zu den seltenen und geschützten Reptilien. Die wertvollen Echsen sollten, wenn überhaupt, nur in einem Urwaldpaludarium gepflegt werden.

meist in der Dämmerung oder in der Nacht aktiv. Einige Arten sind auch tagaktiv. Sie besitzen ein überaus feines Gehör, mit dem sie sich gut orientieren können. Allerdings sehen sie, trotz ihrer für die Nacht ausgerüsteten Augen sehr schlecht, was zu Fehltritten bei nächtlichen Wanderungen über das Astwerk im Paludarium führen kann. Eine schwache Nachtbeleuchtung in Form einer kleinen Glühbirne kann deshalb gute Dienste leisten. Die Geckos sind durch ihre Fähigkeit, selbst senkrechte Glaswände empor zu klettern, bekannt geworden. Dies macht sich auch im Paludarium bemerkbar. Des Öfteren müssen daher die Glasscheiben einer Reinigung unterzogen werden. Die feuchten Verhältnisse im Paludarium kommen zum Beispiel den madagassischen Taggeckos sehr zugute. Aber auch der gerade nur 12 cm lang werdende Blauschwanz-Taggecko sowie der Goldstaub-Taggecko sind durch ihre geringe Körpergröße bestens für die Pflege im weise UV-Bestrahlung ist unbedingt erforderlich. Das Futter besteht aus Heimchen, kleinen Heuschrecken und Wachsmotten. Kleine Obststückchen von Bananen, Orangen und süßen Weintrauben werden ebenfalls gerne gefressen. Gelegentlich darf auch ein mit Honig gefülltes Schälchen gereicht werden.

Schildkröten
Im Paludarium dürfen ausschließlich nur Wasserschildkröten gepflegt werden. Der Wasserteil soll zugunsten des Landteils

größer ausfallen. Trotzdem ist auf ausreichend trockenen Boden zu achten, da die Wasserschildkröten zum Sonnenbaden das Wasser gerne verlassen. Die Futteraufnahme der Wasserschildkröten erfolgt im Wasser. Dadurch und durch ihre Körperausscheidungen wird das Wasser stark belastet, was den Fischen nicht gerade entgegen kommt. Der Wasserteil ist mit einem leistungsfähigen Filtersystem stets sauber zu halten. Regelmäßige, wöchentliche Teilwasserwechsel schaffen zudem saubere Wasserverhältnisse für die Fische. Der Wasserteil sollte ein Volumen von rund 100 bis

300 l aufweisen, um darin, je nach Arten und der zu erwartenden Größe der Tiere, zwei Schildkröten mit einigen Fischen zu pflegen. Die Tiefe des Wasserteils sollte mindestens dem Durchmesser einer erwachsenen Schildkröte entsprechen. Sie muß in der Lage sein, sich im Wasser um ihre eigene Körperachse zu drehen. Der Schildkröte ist ein freier Schwimmraum zu belassen. Und zugleich sind ausreichend Verstecke für die Fische einzurichten. Dazu eignen sich Aufbauten aus Steinen und Moorkienwurzeln. Die Pflege von Wasserschildkröten im Paludarium hat auch Auswirkungen auf die Bepflanzung des Wasserteils. Manche Schildkröten, wie zum Beispiel die Rotwangenschildkröten, fressen neben tierischer Nahrung auch mit Vorliebe Pflanzen. Selbst zählblättrige Pflanzenarten werden bis auf die Wurzeln hin abgefressen. Wasserschildkröten können nur bedingt mit Fischen zusammengepflegt werden. Der Grund hierfür ist, daß Fische auf dem Speiseplan der Schildkröten stehen. Kleine Fische werden konsequent verfolgt, bis sie erbeutet werden können. Trotzdem ist die Vergesellschaftung von Wasserschildkröten und Fischen möglich. In gewisser Weise ist dies aber vom Verhalten der Fische abhängig. So können zwar Fische, die größer als das Schildkrötenmaul sind, nicht ohne weiteres erbeutet werden. Die Schildkröten versuchen aber dennoch nach dem vermeintlichen Leckerbissen zu schnappen, was zu unschönen Verletzungen bei ihnen führen kann. Meist sind davon Fische betrof-

Schildkröten können beschränkt, mit flinken und größeren Fischarten vergesellschaftet werden. Die Fische müssen von ihrem Verhalten her, die Nachtruhe in Verstecken verbringen, damit sie von den Schildkröten nicht erbeutet werden können. Dies ist bei manchen Buntbarschen der Fall. Stehen ausreichend Verstecke zur Verfügung, besteht kaum Anlaß zur Sorge, daß die Fische den Schildkröten als Nahrung dienen.

Landschafts-aquarien, wie hier am Beispiel des Zoologischen Garten von Zürich sind das „großformatige" Gegenstück zu den Heimpaludarien. In solchen, großflächigen Anlagen lassen sich Tiergemeinschaften meist problemloser verwirklichen.

fen, die sich stets im freien Wasser aufhalten und auch ihre Nachtruhe dort verbringen. Unter den größeren Buntbarschen finden sich einige Arten, denen die Schildkröten kaum etwas anhaben können. Zum einen verbringen solche Buntbarsche einen Großteil des Tages in ihren Verstecken, wo sie auch in der Nacht ruhen. Zum anderen sind die eher aggressiven Buntbarsche durchaus in der Lage, einer allzu aufdringlichen Schildkröte paroli zu bieten. In der Regel werden die Wasserschildkröten von den Drohgebärden der Buntbarsche so verunsichert, daß sie ihnen aus dem Weg gehen oder zumindest ihnen keine Beachtung mehr schenken.

Für ein gesundes Wachstum sind die Wasserschildkröten regelmäßig aber nicht übermäßig zu füttern. Fischfleisch, Krill und Wasserinsekten gehören zur Nahrungspalette. Fleisch von Warmblütern darf nur hin und wieder gereicht werden, da unter Umständen „Verdauungsprobleme" entstehen könnten. Zusätzlich muß auch regelmäßig pflanzliche Kost angeboten werden. Ergänzend zur Nahrung sind Kalkpräparate und Vitaminzusätze zu verabreichen. Die wärmebedürftigen Schildkröten verlangen nach beheiztem Wasser und einer zeitweisen Bestrahlung von einer über dem Landteil angebrachten UV-Lampe.

Neben den Rotwangenschildkröten, die schnell eine beachtliche Größe erreichen, zählen die beiden nachfolgend genannten

Wasserschildkröten zu den empfehlenswerten Paludariumbewohnern.

Chinesische Dreikielschildkröte
Chinemys reevesii
Vorkommen: China; Körperlänge um 12 cm
Temperatur: 22-28 °C
Die Chinesische Dreikielschildkröte ist wegen ihrer geringen Körpergröße besonders für die Pflege in Paludarien geeignet. Sie benötigt einen Landteil mit leicht feuchtem Substrat, in das sie sich zeitweise gerne eingräbt. Ihr Futter besteht in der Hauptsache aus tierischer Nahrung.

Moschusschildkröte
Sternotherus odoratus,
Vorkommen: Amerika; Körperlänge um 12 cm
Temperatur: 25-28 °C
Diese Schildkröte erhielt ihren Namen aufgrund ihrer Fähigkeit, bei Gefahr ein übelriechendes Exkret abzusondern. Sie hält sich vorwiegend im Wasser auf und ist däm-

merungs- und nachtaktiv. Ihr Futter besteht häuptsächlich aus tierischer Nahrung.

Schlangen

Schlangen erreichen, je nach Art, oft beachliche Körperlängen. Selbst kleinwüchsige Arten können trotz der meist ruhigen Lebensweise der Tiere nur in geräumigen Paludarien gepflegt werden. Allerdings verspeisen aquatile Schlangen mit Vorliebe auch Fische. Sofern solche Schlangen in Paludarien gehalten werden möchten, ist auf einen Fischbesatz zu verzichten. Im Gegensatz zu den aquatilen Schlangen bieten sich noch die baumbewohnenden Arten für ein Paludarium an. In einem solchen Falle muß der Wasserteil zugunsten des Landteils möglichst klein gehalten werden. Zusammengefaßt ist jedoch zu sagen, daß Schlangen nicht gerade zu den geeigneten Paludariumbewohnern zählen.

Amphibien

Amphibien sind auf besondere Weise an das Land- und Wasserleben angepaßt. Dennoch verbringen viele Amphibien einen Großteil ihres Lebens an Land. Einige Arten, wie zum Beispiel die Pfeilgiftfrösche, können sogar überhaupt nicht schwimmen und kommen somit für ein Paludarium nicht infrage. Die Anforderungen der Amphibien an das Paludariumklima müssen natürlich unbedingt mit jenen der Fische übereinstimmen, ansonsten nehmen sie schnell Schaden. Ähnlich wie die Reptilien sind die Amphibien nur bedingt zusammen mit Fischen zufriedenstellend zu vergesellschaften. Im Zweifelsfalle ist es besser, sie in einem speziell eingerichteten Terrarium zu pflegen.

Frösche

Unter den Froschlurchen gibt es einige, die einen Großteil ihres Lebens im Wasser verbringen. Einige Arten leben sogar ausschließlich im Wasser und können hervorragend mit Fischen in entsprechender Größe vergesellschaftet werden. Allerdings ist auch zu sagen, daß die Männchen mancher Frösche über ein gut hörbares Lautorgan verfügen, was unter Umständen im häuslichen Umfeld des Pflegers störend wirken kann. Bei ausreichend geräumigem Landteil können verschiedene tropische Laubfroscharten in Betracht kommen, um sie in einem Paludarium zu pflegen. Nachfolgend werden jedoch zwei Arten genannt, die ohne große Einschränkungen gut mit entsprechenden Fischen auskommen können.

Zwergkrallenfrosch
Hymenochirus curtipes

Vorkommen: Zentral- und Westafrika; Körperlänge um 5 cm
Temperatur: 22-26 °C

Zwergkrallenfrösche können ausgezeichnet mit kleineren friedlicheren Fischen vergesellschaftet werden. Die Zwergkrallenfrösche leben ausschließlich im Wasser. Nur sehr selten begeben sie sich an Land, was aber trotzdem nach einem geschlossenen Paludarium verlangt. Die Krallenfrösche reagieren nur auf Lebendfutter, so daß sie mit *Tubifex,* den Bachröhrenwürmern, und Roten Mückenlarven gefüttert werden müssen. Auch kleine Regenwürmer werden von ihnen gefressen. Bei der Fütterung ist darauf zu achten, daß sie sich nicht überfressen, was zu einer Verdauungstörung führen kann und vermutlich auch die

Gefahr einer Todesfolge in sich birgt. Die überaus lustigen Gesellen lassen sich bestens in Gruppen pflegen, wobei auch das interessante Fortpflanzungsverhalten gut zu beobachten ist.

Die größeren Verwandten der Zwergkrallenfrösche erreichen eine Größe von rund 12 cm und stellen auch kleineren Fischen nach. Zusammen mit entsprechend großen Fischen sind aber keine Probleme zu erwarten. Die Zwergform der Krallenfrösche ist an ihren gut sichtbaren Schwimmhäuten zwischen den vorderen Fingern zu erkennen. Den großwüchsigen Arten fehlen diese Schwimmhäute.

Chinesische Rotbauchunke
Bombina orientalis

Der Axolotl ist ein im Larvenstadium stehen gebliebener Salamander. Zum Überleben benötigt er kühle Wassertemperaturen unter 20 °C. Der Axolotl kann nur sehr beschränkt mit Fischen vergesellschaftet werden.

Vorkommen: Nord- und Ost-China; Körperlänge um 5 cm
Temperatur: 18-22 °C, im Winter dürfen die Temperaturen absinken.

Die Chinesischen Rotbauchunken halten sich oft im Wasser auf. Gelegentlich gehen sie aber auch auf ausgedehnte Landgänge. Darum muß auch die Luftfeuchtigkeit im Paludarium entsprechend hoch sein. Ihre Unkenrufe sind unüberhörbar, aber nicht allzu laut. Gefressen wird alles, was sich bewegt und ins Maul paßt. Regenwürmer, *Tubifex,* Mehlwürmer und Nacktschnecken gehören zu ihrer Nahrung. Zur Fortpflanzung benötigen sie eine Winterruhe, die ihnen im Paludarium nicht geboten werden kann. Dies hat aber auf die Pflege keine nachteiligen Auswirkungen.

Molche und Salamander

Von der Pflege der Schwanzlurche im Paludarium mit seinen tropischen Temperaturen ist abzuraten, sie benötigen kühlere Temperaturen für ihr Wohlbefinden. Ein unbeheiztes Paludarium dagegen, mit entsprechendem Pflanzenbewuchs, kann auch für die hier angesprochenen Molcharten einen idealen Lebensraum darstellen. Da wären zunächst einmal der aus Japan stammende Feuerbauchmolch, *Cynops pyrrhogaster* und der Warzenmolch aus der Gattung *Paramesotriton,* der in der Umgebung von Hongkong beheimatet ist. Beide Molcharten verlangen nach Wassertemperaturen von 18-22 °C, wobei beim Feuer-

bauchmolch die Temperatur im Winter auf 10-16 °C gesenkt werden muß. Beide Arten verbringen viel Zeit im Wasser, gehen aber hin und wieder auch an Land. Fische aus tropischen Regionen können nur sehr bedingt mit diesen beiden Molcharten vergesellschaftet werden. Zum einen wegen den tiefen Wassertemperaturen und zum anderen, weil die Molche kleineren Fischen nachstellen. Zudem ist die dauerhafte Pflege von Molchen nicht ganz problemlos und benötigt einiges an Erfahrungen.

Schließlich wäre da noch der einzige ausschließlich im Wasser lebende Axolotl zu erwähnen. Eigentlich handelt es sich hier um einen im Larvenstadium stehengebliebenen Salamander. Er wird regelmäßig nachgezüchtet. Neben gräulichen und dunkel gesprenkelten Farbvarianten, ist auch noch eine Albinoform bekannt. Die am Kopfende sitzenden Kiemen liegen ungeschützt frei, was viele Fische veranlaßt daran zu zupfen, weil sie darin etwas Freßbares sehen. Oftmals werden so die Kiemen beschädigt, woran der davon betroffene Axolotl stirbt. Kleine friedliche Fischarten dagegen werden vom Axolotl als Beute angesehen und verspeist. Eigentlich ist die Pflege von diesem im Wasser lebenden Salamander kein schwieriges Unterfangen, sie sollte jedoch im „Artaquarium" erfolgen.

Axolotl
Ambystoma
mexicanum
Vorkommen: Mexiko;
Körperlänge bis 25 cm
Temperatur: 18-22 °C
Der Axolotl ist bei Zimmertemperaturen zu pflegen. Bei höher liegenden Temperaturen sterben die Tiere. Als Futter können klei-

ne Regenwürmer, Schnecken und Mückenlarven angeboten werden. Der Axolotl ist ein ruhiger und geduldiger Jäger, der eine Beute nur erkennt, wenn sie sich bewegt. Totes Futter kann mit der Pinzette gereicht werden, indem man sie vor dem Mund des Axolotl hin und her bewegt.

Schnecken
Einige Schneckenarten stellen ideale Paludariumbewohner dar. Zum Beispiel die Apfelschnecken, auch häufig in Aquarien gepflegt, wären eigentlich besser in einem Paludarium aufgehoben. Die bis walnußgroß werdenden Tiere vermehren sich durch beachtliche traubenartige Eipakete, die sie direkt über der Wasseroberfläche anbringen. Manchmal klettern sie sogar weit über die Wasseroberfläche, um ihre Eier abzulegen. Sobald die jungen Apfelschnecken geschlüpft sind, kehren sie umgehend ins Wasser zurück. Im Gegensatz

Kleinwüchsige Krebse im Paludarium zu pflegen, ist bestimmt etwas besonderes. Selbst größere und friedliche Fische können sich mit den Krebsen ein Paludarium teilen. Doch Vorsicht: Die Krebse sind in der Lage das Wasser verlassen, um ausgedehnte Landwanderungen zu unternehmen. Deswegen muß das Paludarium „ausbruchsicher" gebaut sein.

zu ihren kleineren Verwandten werden Apfelschnecken bewußt ins Aquarium oder Paludarium eingesetzt, da sie gute Restevertilger sind und in der Regel auch die Pflanzen nicht schädigen. Die Apfelschnecken dürfen jedoch nur mit Fischarten vergesellschaftet werden, die die langen Fühler der Schnecken nicht anknabbern. Dies wären zum Beispiel gewisse kleinwüchsige Salmlerarten.

Krebse

Krebse, Krabben und Garnelen leben sowohl im Süß-, wie auch im Meerwasser. In den tropischen Regionen sind sie allgegenwärtig und immer häufiger finden kleinere Arten den Weg in die Aquarien, beziehungsweise Paludarien. Sie alle lassen sich gut mit friedlicheren Fischarten zusammen pflegen, sofern sie nicht zu groß werden und damit auch den Fischen gefährlich werden können. Besonders geeignet, um mit Fischen gemeinsam gepflegt zu werden, sind die Garnelen, die mit ihren feingliedrigen Werkzeugen, feinste Partikel aus dem Wasser auffangen und fressen. Demzufolge leisten sie einen nicht zu unterschätzenden Beitrag zur Reinhaltung des Wassers. Die Krebse gehören zum Tierstamm der Gliederfüßer und zählen demzufolge zu den wirbellosen Tieren. Heute sind rund 20.000 Arten bekannt, davon kommen etwa 900 Arten in Mitteleuropa vor. Die meisten leben im Meer. Manche Krebsarten unternehmen auch ausgedehnte Landwanderungen. Einige der Krebse sind sogar Landbewohner, wie beispielsweise die Kellerasseln. Das Paludarium muß unbedingt verschlossen sein, um nicht plötzlich einen Krebs vertrocknet im Wohnzimmer aufzufinden. Die Krebse haben zwei Antennenpaare und atmen durch Kiemen. Geschützt sind sie durch ein hartes Außenskelett, sie haben fünf Beinpaare, wovon die vordersten die Scheren bilden. Während des Wachstums müssen sie sich regelmäßig häuten, da das Außenskelett nicht mitwächst. Verlorene Gliedmaßen werden dabei schrittweise regeneriert. Die Krebse sind Allesfresser. Neben pflanzlicher Kost fressen sie, je nach Art und Größe, tierisches Plankton, Muscheln, Schnecken, Würmer und Insektenlarven. Selbst Fische, Frösche, ja sogar andere Krebse werden erbeutet. Tote oder sterbende Tiere und sonstige Futterreste verschmähen sie ebenfalls nicht, so daß die Krebse mancherorts die Funktion von Gesundheitspolizisten übernehmen. Auch Flockenfutter wird in der Regel gerne und in größeren Mengen verzehrt. Kleine nur einige Zentimeter lang werdende Krebsarten können sehr gut mit kleineren und mittelgroßen friedlichen Fischen zusammen leben. Kommen die Fische den Krebsen zu nahe, stellen sie ihre Scheren demonstrativ zur Abwehr auf. Die meiste Zeit verbringen die Krebse aber versteckt unter einer Moorkienwurzel oder einem Stein. Hierfür graben sie sich ihre kleinen und oft engen Höhlen selbst. Für das Häuten ziehen sie sich zurück und sind dann in der ersten Zeit, bis der Panzer wieder ausgehärtet ist, äußerst vorsichtig. Mit etwas Glück pflanzen sich die Krebse im Paludarium auch fort. Dann aber hat man hunderte von diesen zierlichen Geschöpfen, die sich von allerlei Futterresten ernähren.

Ein sachgemäß eingerichtetes Paludarium verlangt bei weitem einen geringeren Pflegeaufwand, als man glauben könnte. Werden die Pflegeaufwendungen regeläßig durchgeführt, sind normalerweise auch keine Überraschungen bezüglich der Stabilität des Paludariummilieus zu erwarten. Zudem stellen die Pflegeaufwendungen, in Form der hygienischen Maßnahmen, den besten Schutz vor Krankhciten für Pflanzen und Tiere dar.

Die Pflege des Wasserteils

Die Pflege des Wasserteils unterscheidet sich in nichts von den Pflegeaufwendungen für ein Aquarium. Natürlich wirken sich gezielte und nicht im Übermaß angebotene Futtergaben positiv auf die Pflegeaufwendungen aus.

Achtung: Nicht vergessen, bei den Pflegearbeiten sind stets die technischen Gerätschaften abzuschalten, damit keine Unfälle geschehen oder die Geräte beschädigt werden.

Je nach gepflegten Tierarten und ihrer Anzahl hat in regelmäßigen Intervallen ein Teilwasserwechsel zu erfolgen. Hierfür kann beispielsweise alle zwei Wochen $^1/_3$ des Wassers erneuert werden. Dabei dürfen keine Schwankungen in der Wasserqualität und den Temperaturen entstehen. Gleichzeitig mit den Teilwasserwechseln sind auch die Pflegemaßnahmen an den Pflanzen vorzunehmen. Es gilt dabei abgestorbene Pflanzenteile zu entfernen und gegebenenfalls die Bestände zurückzuschneiden. Neben den täglichen Kontrollen ist beim Teilwasserwechsel auch der Gesundheitszustand der Fische zu überprüfen.

In größeren Zeitabständen von einigen Monaten ist der Filter einer Reinigung zu unterziehen. Der Zeitpunkt für die Filterreinigung hängt stark vom Verschmutzungsgrad des Wassers ab, beziehungsweise davon, wieviele Tiere gepflegt werden. So kann eine Reinigung des Filtermaterials alle zwei Monate nötig sein, vielleicht aber auch später. Mit der Zeit wird der Pfleger herausfinden, welches die richtigen Zeitabstände sind. Das Filtermaterial wird zum Reinigen unter dem laufenden Wasserhahn ausgespült.

Die Einwirkung von einigen Stunden Morgen- oder Abendsonne hat keine schädlichen Auswirkungen auf ein Paludarium. Zu viel Sonnenlicht kann aber das Algenwachstum im Wasserteil begünstigen.

61

Die Wassertemperatur sollte dabei auf Handwärme eingestellt werden, um die biologische Reinigungskraft des Filters durch die wasserreinigenden Bakterien, nicht zu beeinträchtigen. Zum Schluß jedes Teilwasserwechsels und jeder Filterreinigung muß eine Kontrolle darüber Aufschluß geben, ob die wieder in Betrieb genommenen technischen Geräte einwandfrei funktionieren. In diesem Zusammenhang ist es auch notwendig, darauf hinzuweisen, daß die stromführenden Teile vor dem Anschließen, mit einem trockenen Lappen abzuwischen sind.

Die Pflege eines Epiphytenstamms

Zur Pflege eines Epiphytenstamms wird nicht viel benötigt. Ein Hand-Spritzgerät zum versprühen des Nebels und eine kleine spitze Schere zum Entfernen abgestorbener Blätter sowie Baumwollbindfaden oder etwas Draht gehören zu den wichtigsten Utensilien. Weiterhin kann ein Hygrometer gute Dienste leisten.

Das Hygrometer dient zum Messen der Luftfeuchtigkeit. Das Gerät kann einer Wetterstation entnommen werden oder ist einzeln im Gartenbedarf erhältlich. Der Idealbereich der Luftfeuchtigkeit liegt zwischen 60 bis 80 %. Über längere Zeit darf die Luftfeuchtigkeit nicht unter 60 % absinken. Im Laufe von 24 Stunden kann aber die Luftfeuchtigkeit durchaus Schwankungen unterliegen. Während des Tages sinkt die Luftfeuchtigkeit ab und erreicht meist einen Stand um die 70 %. In der Nacht steigt die Luftfeuchtigkeit gegen 90 % und manchmal auch höher. Dadurch, daß die Außentemperatur im Wohnzimmer in einem ungünstigen Bereich zur Temperatur der Paludariumluft liegt, bildet sich oft Kondenswasser an den Innenseiten der Scheiben. Je nach Pflanzenbestand entstehen dadurch Probleme. Manche Pflanzen reagieren empfindlich auf zuviel Feuchtigkeit. Sofern die Paludariumlüftung versagt und die beschlagenen Scheiben nach Inbetriebnahme der Beleuchtung nicht innerhalb einer Stunde wieder abtrocknen, können die Schiebetüren einen kleinen Spalt geöffnet werden. Allerdings gilt es zu bedenken, daß es im Paludarium mit großer Wahrscheinlichkeit auch bei ausreichendem Luftaustausch, immer einige Stellen geben wird, wo sich Kondenswasser bildet. Sinkt die Luftfeuchtigkeit über längere Zeit unter 60 %, ist mit dem Spritzgerät für eine Erhöhung des Feuchtigkeitsgehalts zu sorgen. Die Luftfeuchtigkeit hängt auch stark von den jahreszeitlichen Wetterlagen und ihrem Einfluß auf das Wohnungsklima ab. Im Sommer ist die Luft in den Wohnräumen weitaus feuchter als im Winter. Bei lang anhaltenden Regenfällen steigt auch der Feuchtigkeitsgehalt in den Wohnräumen und vielfach wird im Paludarium nur ein mäßigeres Sprühen nötig. Gegebenenfalls kann das Versprühen von Nebel für ein oder zwei Tage ganz eingestellt werden. Im Winter dagegen, in sehr trockenen Wohnräumen, müssen die Pflanzen im Paludarium häufiger besprüht werden. Der Feuchtigkeitsgrad ist täglich zu kontrollieren. Und mit der Zeit wird der Pfleger abschätzen lernen, in welchen

trocknet ist, muß wieder gegossen werden.

Während der Sommermonate ist in einem geschlossenen Paludarium ein Besprühen der Pflanzen und des Substrats nur gerade alle zwei bis vier Tage nötig. Bei längerer Trockenheit und im Winter verkürzen sich die Zeitabstände. Jedoch hängen die Intervalle zum Sprühen sehr stark vom Pflanzenbestand ab, so daß die eben genannten Zeitabstände nur als Richtwerte angesehen werden können. Wichtig ist, daß der Epiphytenstamm niemals ganz austrocknet. Ebenfalls ist zuviel Feuchtigkeit oder Staunässe zu vermeiden. Bei zu viel Feuchtigkeit beginnen die Pflanzen zu faulen und Krankheiten, wie Pilzbefall können sich ausbreiten. Sobald sich

Zeitabständen ein Besprühen notwendig ist.

Ähnlich wie die Luftfeuchtigkeit ist auch der Feuchtigkeitsgehalt des Pflanzensubstrats im Auge zu behalten. Fühlt sich das Substrat noch sehr feucht an, ist ein Sprühen oder Gießen zu unterlassen. Erst wenn die oberste „Erdschicht" ange-

Anzeichen eines ausbreitenden Pilzbefalls ankündigen, ist das Gießen oder Besprühen der Pflanzen auf ein absolutes Minimum zu reduzieren oder für eine Zeit ganz einzustellen. Stark von Pilzen befallene Pflanzenteile sind abzuschneiden und wenn nötig die obersten verpilzten Schichten des Pflanzensubstrats

zu entfernen. Die Reste des übriggebliebenen schimmelartigen Befalls verschwinden dann so schnell, wie sie gekommen sind. Ein geringfügiges Auftreten von Schimmelpilzen im Paludarium muß noch kein Grund zur Sorge sein. Pilze gehören in ein feuchtwarmes Paludarium. Sie unterstützen den Abbauprozeß von abgestorbenen Pflanzenteilen. Nur wenn sie überhand nehmen, muß sofort eingegriffen werden.

Zum Besprühen der Epiphytenstämme wird kalkarmes Wasser benötigt. Das Wasser soll dabei Zimmertemperatur aufweisen. Steht kein geeignetes Wasser aus der Leitung zur Verfügung, muß es enthärtet werden. Zum Enthärten eigen sich dieselben Geräte, wie sie auch zur Wasseraufbereitung fürs Aquarium gebraucht werden. Auch die Verwendung von sauberem Regenwasser ist eine gute Möglichkeit, um die Epiphyten mit Feuchtigkeit zu versorgen. Zum Gießen sollte nur Regenwasser verwendet werden, das nicht allzulange abgestanden ist. Ist das Leitungswasser nicht sehr kalkhaltig, reicht unter Umständen bereits ein Abkochen des Wassers oder eine Entnahme aus der zentralen Warmwasserversorgung des Hauses. Dabei wurde die Karbonathärte bereits ausgefällt. Bei den robusteren Pflanzenarten liegt die Grenze, bei der Leitungswasser enthärtet werden muß, unter 10 °dGH - je tiefer um so besser. Bei zu kalkhaltigem Wasser bilden sich unschöne Kalkflecken auf den Blättern, was ebenfalls als Indiz für zu kalkhaltiges Wasser verwendet werden kann. Wird nichts gegen kalkhaltiges Wasser unternommen, können manche Epiphytenarten daran zugrunde gehen. Eine Möglichkeit wäre auch, dem Wasser einige Tropfen Zitronensaft beizugeben, um die Härte zu neutralisieren. Allerdings ist dieses Verfahren nicht sehr zuverlässig, um den Kalkgehalt auf ein bestimmtes Maß zu reduzieren. Auf ein Vorhandensein von Chlor im Leitungswasser ist ebenfalls zu achten. Besteht die Möglichkeit, das Wasser direkt aus der Leitung zu verwenden, muß es bei einer Chlorbeigabe des Wasserwerks zuerst

sehr langsam und benötigen sehr geringe Mengen an Nährstoffen. Der Dünger wird dem Sprühwasser beigegeben und direkt mit dem Wasser auf die Blätter gesprüht. Die auf der Flasche angegebene Dosierung kann um mindestens die Hälfte reduziert werden. Sobald sich nach den Düngergaben Flecken auf den Blättern bilden, ist die Dosierung zu hoch. Je nach Düngerfabrikaten können auch schon 10 % der angegebenen Menge für die Epiphyten ausreichen. Beim Auftreten von Flecken sind die Düngergaben einzuschränken oder einzustellen, bis die Flecken wieder verschwunden sind. Werden die Epiphyten überdüngt, verbrennen die Blätter und die Pflanzen sterben ab. Gedüngt wird während des Sommers. Im Winter, von November bis Januar, sind die Düngergaben für mindestens drei Monate einzustellen. Von Mai bis Ende August kann jede Woche durch mäßiges und feines Besprühen gedüngt werden. Die restliche Zeit, in den Übergangsphasen, reicht eine Düngung in zweiwöchigen Intervallen. Allerdings ist auch zu sagen: Selbst

einmal bei Zimmertemperaturen über Nacht stehen gelassen werden. Chlor wird nämlich von den Epiphyten ebenfalls sehr schlecht vertragen.

Für ein kräftiges Wachstum und eine optimale Vermehrung können die Epiphyten gedüngt werden. Zum Düngen eignen sich handelsübliche Orchideendünger. Die Dosierung des Düngers hängt weitgehend vom Wachstumsgrad der Pflanzen ab. Die meisten Epiphyten wachsen

vallen. Allerdings ist auch zu sagen: Selbst wenn auf Düngerbeigaben gänzlich verzichtet wird, gedeihen manche Epiphyten, wie beispielsweise die Tillandsien, immer noch ausgezeichnet. Zu erwähnen ist auch noch, daß die Epiphyten auf übermäßigen Tabakrauch, bezie-

grundlage zu entziehen. Bei den Bromeliengewächsen sind die langsam absterbenden Altpflanzen nach dem Blühen vom Epiphytenstamm zu entfernen und die ausgebildeten Kindel wieder

hungsweise Nikotin, empfindlich reagieren können. Ein häufiges durchlüften der Wohnräume kann das Schlimmste verhindern.

Zur Pflege eines Epiphytenstamms gehört auch das Zurechtstutzen der Pflanzen. Zu groß werdende Pflanzen müssen entfernt oder umplaziert werden, um den anderen Pflanzen nicht die Lebens-

von neuem auf den Stamm aufzubinden. Gleichzeitig können abgestorbene Blätter von benachbarten Pflanzen abgeschnitten und der gesunde Teil der Pflanzen auf einen möglichen Schädlingsbefall untersucht werden. Mit der Pflege des Epiphytenstamms ist auch immer ein guter Zeitpunkt gekommen, die Anordnung der Pflanzen, wenn nötig, umzugestalten. Bei diesem Vorgehen wird ein einmal zusammengestellter Epiphytenstamm über die Jahre hin viel Freude bereiten.

Pflanzenkrankheiten

Selbst bei intensivster Pflege können Pflanzenkrankheiten im Paludarium auftreten. Zum einen können Krankeiten mit neu eingebrachten Pflanzen übertragen werden. Zum anderen besteht auch die Möglichkeit, daß gewisse Krankheiten mit Fluginsekten ins Paludarium geraten. Um einen Krankheits- oder Schädlingsbefall frühzeitig zu erkennen, ist der Gesundheitszustand der Pflanzen regelmäßig zu kontrollieren. Wird sofort auf eine beginnende Schädigung reagiert, bestehen gute Aussichten, dem Mißstand erfolgreich entgegenzutreten.

Eine Möglichkeit, um keine Krankeiten oder Schädlinge einzuschleppen, ist die Einhaltung einer zwei- bis dreiwöchigen Quarantänezeit. Weiterhin kann als Vorsorge die neue Pflanze mit entsprechenden Sprühmitteln gegen Schädlinge behandelt werden. Dann ist aber darauf zu achten, daß nach dem Einbringen der neuen Pflanze, Tiere mit dem immer noch aktiven Pflanzenschutzmittel nicht in Kontakt kommen können. Nötigenfalls ist die Pflanze unter fließendem Wasser vom Gift zu befreien.

> **Hinweis:** Am ehesten bleiben die Pflanzen gesund, wenn man den jeweiligen Bedürfnissen der Pflanzen Rechnung trägt und sie nicht ungünstigen Lebensbedingungen aussetzt.

Die meisten Pflanzenschäden entstehen gerade durch unzureichende Pflegebedingungen. Zu den häufigsten Krankheitsursachen zählen schlechte Luftverhältnisse, hervorgerufen durch eine mangelhafte Luftumwälzung im Paludarium. Weiterhin schwächen zu trockene oder zu nasse Bedingungen die Pflanzen und bieten so eine größere Angriffsfläche für Krankheiten. Unter Umständen kann auch ein zu dichter Pflanzenbewuchs zu Schäden führen, indem zwischen dem gesunden Grün der Pflanzen gefährliche Fäulnisherde entstehen können. Meist werden diese von abgestorbenen Pflanzenteilen in Zusammenhang mit Staunässe hervorgerufen. So lohnt es sich, die abgestorbenen Pflanzenteile oder überschüssiges Substrat zu entfernen. Damit werden Pilzen oder anderen Schädlingen die Lebensgrundlagen entzogen.

Eine übermäßige Furcht vor Pflanzenkrankeiten und Schädlingen im Paludarium ist unbegründet. Bei der Verwendung von robusten Pflanzenarten und der zur Verfügung gestellten günstigen Klimabedingungen sind große Schadensfälle eher auszuschließen. Oft ist auch zu beobachten, daß immer dieselben Pflanzenarten auf gewisse Krankeiten anfällig sind und übermäßig darauf reagieren. In solchen Fällen kann es sich lohnen, auf diese Pflanzen zu verzichten, um nicht den übrigen Pflanzenbestand zu gefährden.

Tritt eine Krankheit oder ein gravierender Schädlingsbefall der Landpflanzen auf, ist eine Behandlung im Paludarium äußerst schwierig durchzuführen. Möglich wäre ein mühsames Ablesen der Schädlinge von Hand. Schädlingsbekämpfungsmittel oder andere Pflanzenschutzmittel dürfen jedoch nicht im Paludarium eingesetzt werden. Dies hätte für die Fische schlimme Folgen. Neben Nervenschädigungen könnten die Gifte für die Fische oder andere Tiere einen langsamen und qualvollen Tod bedeuten oder sogar ein sofortiges Ableben zur Folge haben. Eine Behandlung der Pflanzen ist aber außerhalb des Paludariums möglich. Hierfür werden alle Pflanzen und auch die Einrichtungsgegenstände aus dem Paludarium entfernt und mit geeigneten Mitteln behandelt. Gegebenenfalls dauert eine solche Behandlung mehrere Wochen, bis gewährleistet ist, daß der Krankheitsbefall oder die Schädlinge beseitigt sind. Gleichzeitig muß versucht werden, der Krankheitsursache auf die Spur zu kommen. Danach sind die Pflanzen durch Abwaschen von den Sprühmitteln zu befreien und wieder ins Paludarium einzubringen. Mit dem Neueinrichten des Paludariums sollte zudem versucht werden, die Pflege der Pflanzen zu optimieren, um einen weiteren Zwischenfall zu vermeiden. Um es

aber nochmals zu verdeutlichen: Diese Ausführungen sind nicht dazu gedacht, um den Pfleger zu verunsichern, sondern lediglich um für allfällige Mißstände einen Lösungsansatz aufzuzeigen, denn gravierende Schädigungen der Pflanzen sind bei der Durchführung der regelmäßigen Pflegemaßnahmen eigentlich nicht zu erwarten.

Pflanzenschädlinge

Die Pflanzenschädlinge sind winzig kleine Insekten und Milben, die sich vom Saft der Pflanzen ernähren. Wieder andere Pflanzenschädlinge fressen Löcher in die Blätter oder zerstören, im Substrat lebend, die Wurzeln der Pflanzen. Ob sich ein Vertreter dieser Winzlinge tatsächlich als Schädling entpuppt, hängt weniger vom Vorkommen, als von der Populationsdichte ab. Einzelne Schädlinge, die im Paludarium leben, müssen noch nicht eine Gefahr für die Pflanzen darstellen. Finden die Pflanzen günstige Bedingungen, hält sich meistens auch das Schädlingsaufkommen in Grenzen. Oftmals werden nur einzelne Jungtriebe der Pflanzen befallen. So kann es durchaus sein, daß sich einzelne Insekten oder andere Kleinstlebewesen jahrelang im Paludarium aufhalten, ohne einen nennenswerten Schaden anzurichten. Eine stete Kontrolle des Pflegers gibt Auskunft über die vorhandenen Kleinstlebewesen und ob es überhaupt nötig ist, etwas gegen sie zu unternehmen.

Bei entsprechender Vorsicht treten im Paludarium kaum Schädlinge auf.

Ameisen

Die Ameisen richten im Paludarium nur indirekten Schaden an, indem sie im Substrat nahe den Pflanzenwurzeln nisten. Mit den Pflanzen eingeschleppt, kommen sie im Paludarium zumeist nur periodisch vor. Vielfach verschwinden sie dann wieder wie von selbst, ohne daß etwas gegen sie unternommen werden müßte. Nehmen die Ameisen überhand, genügt es bereits, das Pflanzensubstrat zu erneuern. Mitunter können einzelne Ameisen auch jahrelang im Paludarium leben und gehören so ebenfalls zur Tiergemeinschaft - und warum sollte man sich nicht sogar an ihnen erfreuen.

Blattläuse

Bei Blattläusen hört bei vielen Pflegern der Spaß auf. Doch sind die kleinen, bis 3 mm langen und pflanzensaftsaugenden Insekten, nicht die schlimmsten Schädlinge. Je nach Art haben die Blattläuse eine grüne oder schwarze Farbgebung. Es gibt selbst braune, gräuliche oder gelbliche Blattläuse. Sie alle können leicht von Hand abgelesen oder zerdrückt werden. Stark befallene und geschädigte Pflanzentriebe sind gleich mit zu entfernen.

Schildläuse

Die Schildläuse sind bei weitem schwerer zu bekämpfen als die Blattläuse. Nach ihrem Jugendstadium sitzen die Läuse unbeweglich unter ihrem harten Schild und müssen mühsam mit einem scharfen Gegenstand abgekratzt werden. An dem kreisförmigen, bis mehrere Millimeter großen, braunen oder gelblich-weißen Schild sind die Schädlinge auch gut zu erkennen. Ein übermäßiges Auftreten der Schildläuse ist oft auch auf günstige Lebensumstände, beziehungsweise geschwächte Pflanzen zurückzuführen. Es werden sogar zähblättrige Pflanzen nicht verschont, doch hält sich hier ein Befall meist in Grenzen.

Alternativ gestaltete Paludarien sind ein Schmuck für jedes Wohnzimmer. Foto: Fa. Esterbauer

Milben

Unter den Milben spielt vor allem die sogenannte Cyclamenmilbe im Paludarium eine Rolle. Eine hohe Luftfeuchtigkeit begünstigt die Entwicklung dieser Milben. Darauf erhalten die Blätter einen schorfartigen Belag und sie werden brüchig. Eine Bekämpfung der Cyclamenmilbe ist nur außerhalb des Paludariums mit einem geeigneten Schädlingsbekämpfungsmittel möglich. Dann kann versucht werden, die Feuchtigkeit im Paludarium etwas geringer zu halten.

Gelegentlich kann auch die rote Spinnenmilbe auftreten. Die rötlichen, spinnenartigen Tiere sind gut vom Auge zu erkennen. Sie bevorzugen trockene Bodenverhältnisse und auch eine trockene Luft. Ein regelmäßiges Besprühen der Pflanzen verhindert ihr Auftreten.

Thripse

Neben den Cyclamenmilben stellen die schwarz-weiß gestreiften Thripse die vermeintliche Geißel jedes Paludariumbesit-
zers dar. Dabei handelt es sich um 1 bis 2 mm lange Insekten, denen aber durchaus beizukommen ist. Die pflanzensaftsaugenden Tierchen hinterlassen silbrig aussehende Blätter, die schnell absterben, wenn nichts unternommen wird. Eine Bekämpfung der Thripse erfolgt außerhalb des Paludariums mit einem geeigneten Schädlingsbekämpfungsmittel. Oftmals bringt dies aber nur für eine gewisse Zeit eine Besserung und schon bald können wieder einzelne Thripse beobachtet werden. Hingegen vertragen die Thripse überhaupt keine feuchten Luftverhältnisse, so daß sie nach einer Behandlung anzuheben ist.

Trauermücken

Die Trauermücken stellen nur dann ein Problem dar, wenn sie im Übermaß auftreten. Ansonsten können einzelne Trauermücken keinen großen Schaden anrichten. Die im Substrat lebenden kleinen, kaum sichtbaren Larven der Trauermücken können die Pflanzenwurzeln stark schädigen und die betroffene Pflanze zum Absterben bewegen. Die kleinen, schwarzen Trauermücken sind gut zu erkennen, wenn sie aufgeschreckt werden und durchs Paludarium fliegen. Solange keine Terrarientiere im Paludarium gepflegt werden, können die Larven mit entsprechenden Stickern vernichtet werden. Eine Bekämpfung mit sogenannten Gelbtafeln, die aufgehängt werden, ist ebenfalls möglich.

chen eine Reihe von mehr oder weniger hartnäckigen und manchmal auch schwer zu bekämpfenden Pflanzenkrankheiten. Bei einer Infektion dringen die Krankheitserreger in die Pflanzenzellen ein und erschweren so eine Behandlung der Pflanzen. Erfreulicherweise treten Bakterien- und Virenkrankheiten im Paludarium äußerst selten

Pilzkrankheiten

Schimmelartiger Belag oder andersartige Veränderungen an den Pflanzenblättern deuten auf Pilzbefall oder eine Krankheit hin. Mikroskopisch kleine Erreger, wie Pilze, Bakterien und Viren verursa-

auf. Sie lassen sich auch sehr schwer behandeln und dies nur mit mäßigem Erfolg. Erschwerend kommt hinzu, daß bakterielle Infektionen und insbesondere Virosen vom Pfleger kaum bestimmt werden können. Selbst Fachleute haben

Nur eine gute Beleuchtung sichert sowohl auf dem Land- teil wie auch im Wasserteil einen optima- len Pflanzen- wuchs.

da ihre liebe Mühe. Im Gegensatz zu den Bakterien- und Virenkrankheiten sind Pilzkrankeiten häufiger anzutreffen. Pilz- sporen sind allgegenwärtig und können bei entsprechenden Bedingungen eini- ge Probleme hervorrufen, zumindest scheint dies zu Beginn so. Viele im Paluda- rium auftretende Pilzkrankheiten oder ein Befall mit Schimmelpilzen lassen sich zum Glück aber verhältnismäßig einfach behandeln. Auch bei Pilzen ist eine opti- sche Diagnose über die Art des Befalls sehr schwierig. So sind zuerst einmal die Pflegebedingungen zu verbessern und die befallenen Pflanzenteile zu entfer- nen. Hierfür ist ein sauberes und schar- fes Messer zu verwenden, damit das Pflan-

zengewebe nicht unnötig beschädigt wird. Jede Verletzung des Gewebes bie- tet nämlich für Krankheitskeime eine gute Angriffsfläche. Unter Umständen kann es sogar nützlich sein, die ganze Pflanze aus dem Paludarium zu nehmen, um nicht die anderen Pflanzen einer mög- lichen Ansteckung auszusetzen. Genau- so verfährt man bei faulenden Pflanzen- teilen. Sie können allerlei Ursachen haben. Die faulenden Pflanzenteile wer- den mittels eines sauberen Schnitts durch das gesunde Gewebe vom Rest der Pflan- ze getrennt. Kann dem Fäulnisprozeß so nicht Einhalt geboten werden, ist die gesamte Pflanze zu entfernen. Dies ver- hindert, daß mit dem schnellfortschreitenden Fäulnisprozeß auch Pilze einen idealen Nährboden finden können. Nebst der bestmöglichen Kultivierung der Pflanzen hat man mit den eben beschriebenen hygienischen Maßnahmen die besten Aussichten, den Pilzschäden entgegenwirken zu können.

Grauschimmel

Der Grauschimmel ist ein häßlich anzusehender Pilzbefall. Die Blätter der Pflanzen, aber auch Einrichtungsgegenstände aus natürlichen Materialien, können mit einem samtigen, grauen Belag überzogen sein. Die befallenen Teile werden aus dem Paludarium entfernt und gleichzeitig wird die Feuchtigkeit auf so niedrige Werte wie vertretbar reduziert, indem das Besprühen der Pflanzen weitgehend eingeschränkt wird. Beim Umgang mit Schimmelpilzen ist einige Vorsicht geboten. Sie können Vergiftungen und bei empfindlichen Personen auch Allergien hervorrufen. Deshalb sind nach dem Hantieren mit den Schimmelpilzen die Hände gut zu waschen.

Neben dem Grauschimmel können noch andere Pilzarten, beispielsweise mit weißlicher Farbgebung, auftreten; mit ihnen wird ebenso verfahren. Bei einer ausreichenden Luftumwälzung im Paludarium sollte es jedoch kaum zu Schimmelbildungen kommen.

Knollen- oder Wurzelfäule

Die Knollen- oder Wurzelfäule tritt bei Staunässe auf. Verantwortlich ist ein zu reichliches Gießen, ohne daß zwischendurch das Pflanzensubstrat abtrock-

nen kann. Die betroffenen Pflanzenstellen werden weich und schleimig. Den Zerfall zeigen meist vergilbte oder welke Blätter an. Wird die Knollen- oder Wurzelfäule entdeckt, ist es vielfach schon zu spät. Es kann versucht werden, die beschädigten Rhizome abzuschneiden und die Pflanze in neues Substrat einzupflanzen. Vielleicht erholt sich die Pflanze, wenn sie noch nicht zu stark geschädigt ist. Ein Erfolg ist jedoch nicht in jedem Fall zu erwarten.

Krankheiten bei Wasserpflanzen

Im Gegensatz zu den Landpflanzen treten bei den Wasserpflanzen weit weniger Krankheiten auf. Allerdings können bei den über die Wasseroberfläche hinaus wachsenden Sumpfpflanzen dieselben Krankheitserscheinungen auftreten. Erwähnt sei hier im besonderen die Knol-

Die Pflegemaßnahmen dienen zur Gesundhaltung der Fische. Die Wasserqualität ist durch die Teilwasserwechsel und die Filterreinigung möglichst konstant zu halten. Vor dem Kauf von Fischen hat man sich über deren Ansprüche und Bedürfnisse ausreichend zu informieren. Dies erspart viel Ärger.

len- oder Wurzelfäule, welche im Sumpfteil sehr oft ein schwierig zu lösendes

Problem darstellen kann. Begegnet kann ihr nur werden, wenn das Substrat im Sumpfteil möglichst locker gehalten wird und hin und wieder mit einer Mulmglocke der Schlamm entfernt wird. Dies hat mit entsprechender Vorsicht zu erfolgen, so daß die Rhizome, also die Pflanzenwurzelstücke, nicht beschädigt werden können.

> **Hinweis:** **Sofern die Wasserpflanzen unter günstigen Lichtbedingungen und einer guten Wasserqualität gepflegt werden, sollten keine Krankheiten auftreten.**

Ein Nährstoffmangel kann das Pflanzenwachstum behindern. Häufigste Ursache ist dabei ein Eisenmangel, der an gelblichen Blättern zu erkennen ist. Ein handelsüblicher Pflanzendünger kann schnell Abhilfe schaffen. Der Pflanzendünger muß aber sparsam verwendet werden, um nicht durch eine Überdüngung das Algenwachstum zu begünstigen.

Algen im Wasserteil

Algen gehören nicht gerade zu den gern gesehenen Gästen im Wasserteil eines Paludariums. Dabei gehören die Algen ebenso in ein Aquarium oder Paludarium, wie sie auch in der Natur überall leben. Solange die Algen nicht im Übermaß vorkommen, sollte man sich deshalb an ihnen erfreuen. Schließlich bilden sie einen Teil des natürlichen Systems im Paludarium. Nehmen die Algen jedoch überhand, können sie auch die Wasserpflanzen schädigen. Um ein Algenwachstum im Wasserteil möglichst gering

zu halten, ist es notwendig, das Nährstoffangebot im Wasser möglichst gering zu halten. Dies kann mit einer mäßigen Fütterung der Fische und den regelmäßigen Teilwasserwechseln problemlos erreicht werden.

In einem mit Leuchtstoffröhren beleuchteten Paludarium sollten Grünalgen wohl eher selten auftreten. Zu den Grünalgen zählen Faden-, Büschel-, und grüne Punktalgen sowie die Wasserblütealgen. Sie benötigen viel Licht und ein Überangebot an Stickstoff für ein ungehindertes Wachstum.

Kieselalgen können jedoch in einem schwach beleuchteten Paludarium gute Wachstumsbedingungen finden. Diese Braunalgen bilden - wie der Name schon schließen läßt - einen bräunlichen Belag. Sie sind von Hand abzustreifen und mit dem Mulmabsauger aus dem Wasserteil zu entfernen. Zusätzlich sollte, wenn schon die Beleuchtungsintensität nicht erhöht werden kann, zumindest die Beleuchtungsdauer erhöht werden.

Zu den Rotalgen gehören die Bart-, Pinsel- und die schwarzen Punktalgen. Ihr Wachstum kann nicht unbedingt bestimmten Lichtverhältnissen zugeordnet werden. Ein Ablesen von Hand und saubere Wasserverhältnisse bieten die Voraussetzungen, um einem Massenauftreten entgegenzuwirken.

Blaualgen sollten in einem Paludarium eigentlich nicht auftreten. Die Blaualgen stehen den Bakterien sehr nahe und gedeihen nur dort, wo viele Futterreste vor sich her gammeln und ein faulender Bodengrund zu finden ist. Ein Absaugen

der Fäulnisherde und regelmäßige Teilwasserwechsel lassen die Blaualgen verschwinden.

Die Pflege der Fische

Nach all den Pflegeanleitungen für die
Pflanzen im Paludarium, sind die Fische
und andere gepflegte Tierarten nicht zu
vergessen. Ihnen gebührt die größte Aufmerksamkeit. Zum sicher günstigsten Vorgehen bei der Auswahl der Fische gehört
es, sich auf jene Arten zu beschränken, die
mit der bestehenden Qualität des Lei-
tungswassers zurecht kommen. Und der
beste Schutz vor Fischkrankheiten ist, daß
die Fische in den ihnen angestammten
Wasserverhältnissen gepflegt werden.

> **Tip:** Je aufmerksamer die Fische gepflegt
> werden, um so weniger können Krankhei-
> ten auftreten.

Zu den häufigsten Todesursachen von
Fischen gehören Streßerscheinungen.
Unter Streß werden alle Faktoren zusammengefaßt, welche für die Fische eine
Belastung darstellen. Dazu gehören
abrupte Veränderungen bezüglich der
Wassergüte sowie der Temperatur. Zu
Streß führen auch ungünstige Trans-
portbedingungen, inner- und außerartli-
che Auseinandersetzungen, eine Überbesetzung des Wasserteils und eine
schlechte Ernährung. Alle diese Faktoren
können die Lebenserwartung der Fische
drastisch verkürzen. Schockzustände
infolge von übermäßigem Streß führen
dagegen zum sofortigen Tode der betroffenen Fische. Hierzu zählen bei-

*Hier ein sehr
schön bepflanz-
tes Paludarium.
Foto: Fa. Ester-
bauer*

spielsweise Vergiftungen oder akuter Sau-
erstoffmangel. Im Paludarium können
aber noch weitere Gründe zu Schäden bei
Fischen führen. Wird zum Beispiel im
Paludarium eine UV-Lampe montiert, um
deren Licht den Terrarientieren anzubie-
ten, darf dieses nicht den Wasserteil
bestrahlen. Gegenüber UV-Strahlen reagieren die Fische sehr anfällig mit Augen-
und Hautschädigungen. Weiterhin ist
noch auf eine nicht sofort zu erkennen-
de Begleiterscheinung beim Betreiben
von Wasserläufen hinzuweisen. Das durch
die Wasserläufe hinunterrieselnde Wasser
nimmt große Mengen an Luft auf und versorgt so den Wasserteil mit zusätzlichem
Sauerstoff. An die Sauerstoffanreicherung
des Wassers passen sich nun sowohl die
Pflanzen wie auch die Fische an und
gewöhnen sich an den gleichbleibenden
Sauerstoffgehalt. Wird nun ein Wasserlauf aus irgend einem Grunde für längere Zeit abgestellt, kann über Nacht der
Sauerstoffgehalt für die Fische ungewohnt
tief absinken. Normalerweise regulieren

die Fische einen tieferen Sauerstoffgehalt durch ein Erhöhen der Atemfrequenz. Bei manchen sehr sauerstoffbedürftigen Fischen kann jedoch der plötzliche Mangel einen Schock auslösen und zum Tode führen. Muß also der Wasserlauf für einige Zeit abgestellt werden, muß der Wasserteil, je nach gepflegten Fischarten, zusätzlich belüftet werden.

Zu den regelmäßig durchzuführenden Kontrollen gehören die Überprüfung des Verhaltens und des Gesundheitszustands der Fische. Ein unnatürliches Verhalten kann unter Umständen bereits ein Anzeichen für eine Verschlechterung der Lebensbedingungen oder einer Krankheit sein. Zu beobachten gilt es auch, ob die Fische in Fortpflanzungsstimmung geraten und dadurch mit anderen Fischarten bei der Revierbildung in Konflikt geraten könnten. Die Futteraufnahme läßt ebenfalls auf den allgemeinen Gesundheitszustand der Fische gewisse Rückschlüsse zu. Zum Füttern der Fische ist soviel zu sagen, daß jeweils nur soviel gefüttert werden darf, was die Fische in wenigen Minuten zu fressen in der Lage sind. Bei erwachsenen Fischen reicht eine Fütterung pro Tag. Ein oder zwei Fastentage in der Woche sind zudem förderlich, somit verhindert man ein übermäßiges Fettansetzen, was wiederum die Lebenserwartung der Fische erhöht. Den Zustand der Pflanzen und den Verschmutzungsgrad des Wassers gilt es ebenfalls wöchentlich zu überprüfen. Schlechte Wasserverhältnisse können die Fische schwächen und so den Krankheitskeimen eine bessere Angriffsfläche bieten. Eine Überprüfung der Temperatur und der Filterleistung muß täglich vorgenommen werden. Und zum Schluß noch einige Sätze zum Thema Beleuchtung. Zwar nimmt die Paludariumbeleuchtung keinen direkten Einfluß auf die Fische. Die Beleuchtung dient zum guten Wachstum der Wasserpflanzen. Diese tragen dann aber maßgeblich zum Wohlbefinden der Fische bei. So darf auch die Lichtintensität und ihre Wirkung auf die Pflanzen nicht außer Acht gelassen werden. Mit der Zeit verlieren die Leuchtstoffröhren an Leuchtkraft, so daß sie in Abständen von etwa einem Jahr ausgetauscht werden müssen. Um nicht einen abrupten Lichtwechsel hervorzurufen, der das Wachstum der Wasserpflanzen negativ beeinflußt, müssen die einzelnen Röhren alternierend in Abständen von einigen Monaten ersetzt werden.

Die Gesundhaltung der Fische ist oberstes Gebot. Niemals sollte den Fischen zugunsten einer besonders prächtigen Paludariumbepflanzung irgendwelche Nachteile erwachsen. Im vorliegenden Buch wurden einige Aspekte der Fischpflege zugunsten anderer Themenkreise vernachlässigt, die den Aufbau und Betrieb eines Paludariums zum Inhalt haben. Fehlt das nötige Wissen, um Fische artgerecht zu pflegen, gilt es dies durch geeignete Fachliteratur zu erwerben. Am Ende dieser Ausführungen sind einige Bücher erwähnt, die Wissenslücken schließen können.

Bereits schon auf einer Fläche von kaum einem Quadratmeter, läßt sich in einem Paludarium ein Stück Tropenwald nachempfinden. Technische Gerätschaften machen es möglich, daß Licht und feuchtwarme Verhältnisse Einzug ins häusliche Umfeld nehmen. Fische können ungehindert in die Luft springen und dies nicht nur aus Überlebensmotivation, sondern aus purer Freude am Dasein. Die rätselhafte Ausstrahlung, die von einem Paludarium ausgeht, läßt sich kaum in Worte fassen. Für die Fische stellt ein Paludarium einen optimalen Lebensraum dar, für den Pfleger eröffnen sich ungeahnte Möglichkeiten, die Entwicklung eines „ganzheitlichen", künstlichen Biotops und das Geschehen darin zu studieren. Dies ist ansonsten nur noch in Zoologischen- und Botanischen Gärten möglich. Für den Aquarianer darf die Pflege eines Paludariums als Krönung des Machbaren angesehen werden. Neben Kenntnissen zur Fischwelt verdichten sich bald die ersten Erfahrungen zur Pflege der tropischen Pflanzenwelt zu einem ungeheuren Wissensschatz und rücken unwiederrufbar das außergewöhnliche Naturerlebnis unauslöschlich ins Bewußtsein. Zugleich werden die Grenzen in der Zusammenführung von Tieren und Pflanzen aufgezeigt und ihr Leben in einem verletzlichen System eindrücklich vor Augen geführt. So werden indirekt auch mögliche Probleme aufgezeigt, die letztlich leider auch in der Natur vorzufinden sind, beruhend auf Veränderungen am Landschaftsbild durch den Menschen. Im Paludarium kommen die Ergebnisse einer millionenjahre alten Entwicklungsgeschichte in einem vom Menschen gesteuerten Moment zusammen. Etwas Fantastischeres kann sich ein Pfleger von Tieren und Pflanzen wohl kaum vorstellen.

Die Einrichtung eines Paludariums sollte nicht umständlicher gestaltet werden, als sie ohnehin schon ist. Es müssen nicht unbedingt die Fische und Pflanzen eines bestimmten Biotops aus einer Region im Paludarium gepflegt werden, um damit einen möglichst naturnahen Lebensraum zu erhalten. So schränkt man sich nur selbst ein, was für das Gesamtbild wenig förderlich ist. Zu beachten ist nur, daß den Tieren und Pflanzen bestmögliche Voraussetzungen bereitgestellt werden. Alles andere ist schlußendlich Geschmacksache. Der Fantasie, einen tropischen Lebensraum im Rahmen des Machbaren zu schaffen, sollte freien Lauf gelassen werden. So ist es für die späte-

Die Größe des Wasserteils entscheidet über die Fischarten und Anzahl an Individuen, die im Paludarium gepflegt werden können. Streßursachen, wie Platzmangel und Überbesetzung zählen neben einer falschen Ernährung zu den häufigsten Todesursachen bei Fischen. Bei der Auswahl der Fische zählt der Grundsatz: Weniger ist mehr!

re Pflege überaus vorteilhaft, Fische und Pflanzen aus unterschiedlichen Herkunftsorten, mit den bestmöglichen Voraussetzungen für einen bestimmten Paludariumtyp auszusuchen und sich an ihnen zu erfreuen.

Das vorliegende Buch soll Möglichkeiten und Grenzen zum Einrichten eines Paludariums aufzeigen. Sie können den Pfleger sicher auch ermutigen, mit der Pflege eines Paludariums zu beginnen, ohne vor dem Ungewöhnlichen zurückzuschrecken. Ein gut eingefahrenes und entsprechend eingerichtetes Paludarium kann auch einmal für eine oder zwei Wochen alleine gelassen werden, ohne daß die gesamte Pracht zusammenfällt - was für einen sorglosen Urlaub sicher nützlich ist.

Viele Themenkreise werden hier lediglich angesprochen, verlangen aber bei der Pflege bestimmter, anspruchsvollerer Fischarten, wie den Schützenfischen und anderen Arten, bereits einiges an Erfahrung. Sicher ist es empfehlenswert, nicht gerade mit schwierig zu pflegenden Fischarten die ersten Erfahrungen zu sammeln. Vielmehr sollten dafür Fische ausgewählt werden, die auch ohne große zusätzliche Aufwendungen zufriedenstellend gepflegt werden können. Besondere Vorsicht ist beim Zusammenstellen von Tiergemeinschaften geboten. An einigen Stellen in diesem Buch könnte die Vermutung aufkommen, die Pflege von Fischen zusammen mit Reptilien oder anderen Tierarten sei ein leichtes Unterfangen. Dem ist aber nicht so. Erst wenn die Kenntnisse der Pflege eines Paludariums mit seinen Fischen gereift sind, sollte man sich daran wagen, eine weitere Tierart einzubringen. Noch besser wäre es, getrennt zum Paludarium, diese Tierart erst einmal separat zu pflegen, um ihre Lebensgewohnheiten und Besonderheiten im Verhalten zu ergründen. Und erst wenn Gewißheit besteht, daß keine gravierenden Probleme entstehen können, ist eine Vergesellschaftung mit den Fischen im Paludarium in Betracht zu ziehen. Nachfolgend sind einige Bücher erwähnt, die unter der Vielfalt hervorragender Fachbücher mithelfen können, die eigenen Erfahrungen zu unterstützen und das Gewünschte in greifbare Nähe zu rücken.

Warum wohl Aquarianer im besonderen Maße vom Zauber eines Paludariums gefangen werden, liegt wahrscheinlich in der geheimnisvollen Ausstrahlung, die in der Trennlinie zwischen den Elementen Wasser und Luft zu suchen ist. Schon in kürzester Zeit wird jeder Paludariumbesitzer beim Betrachten eines Aquariums etwas vermissen. Und auch wenn ein Aquarium niemals seinen Reiz verlieren wird - so fehlt halt doch etwas. Nämlich die außergewöhnlich Atmosphäre, die die tropische Fülle im und über dem Wasser zu bieten hat. Zum Abschluß läßt sich nur noch eines sagen: Viel Spaß und Freude sowie viele schöne und unvergeßliche Stunden vor dem Paludarium.

AMANO, T. 1997. Amanos Naturaquarien. Wasserpflanzenparadiese und die Welt der Salmler. Ruhmannsfelden.

AMBERGER-OCHSENBAUER, S. 1992. Zimmerfarne. München.

BARTH, K. & STALLKNECHT, H. 1990. Pflanzen fürs Aquarium. Leipzig.

BASSLEER, G. 1983. Bildatlas der Fischkrankheiten. Melsungen.

BECHTEL, H. 1971. Exotische Orchideen. Stuttgart.

BLAUSCHECK, R. 1988. Das Paludarium. Hannover.

FAST, G. 1980. Orchideenkultur. Stuttgart.

FRITZEN, J. 1982. Orchideen. Lehrmeister-Bücherei Nr. 464. Minden.

GONELLA, H. 1998. Paludarium - Tropenwald im Wohnzimmer. 2. überarb. Aufl., Ruhmannsfelden.

GUGENHAN, E. 1983. Bromelien. Stuttgart.

HEITZ, H. 1991. 1991. Orchideen. München.

HERTEL, F. 1983. Gewächshausbau. Lehrmeister-Bücherei Nr. 306. Minden.

Hertel, F. 1983. Betrieb eines Gewächshauses. Lehrmeister-Bücherei Nr. 307. Minden.

KASSELMANN, C. 1995. Aquarienpflanzen. Stuttgart.

KAWOLLEK, W. 1992. Tillandsien. Arten und Kultur. Augsburg.

KRAUSE, H.-J. 1997. Handbuch Aquarientechnik. 4. Aufl. Ruhmannsfelden.

KRAUSE, H.-J. 1998. Handbuch Aquarienwasser. 4. Aufl. Ruhmannsfelden.

LILGE, D. & VAN MEEUWEN, H. 1987. Grundlagen der Terrarienhaltung. Hannover.

LUCKE, E. 1980. Orchideenkultur für alle. Lehrmeister-Bücherei Nr. 463. Minden.

MOTSCHENBACH, W. & ZECHEL, J.-C. 1983. Bromelien. Lehrmeister-Bücherei Nr. 462. Minden.

NÖLLERT, A. 1992. Schildkröten. Hannover.

PAFFRATH, K. 1978. Bestimmung und Pflege von Aquarienpflanzen. Hannover.

PURSALL, B. 1997. Europäische Landschildkröten. 2. Aufl. Ruhmannsfelden.

RAUH, W. 1970. Bromelien für Zimmer und Gewächshaus. Band 1: Die Tillandsioideen. Stuttgart.

RAUH, W. 1973. Bromelien für Zimmer und Gewächshaus. Band 2: Die Bromelioideen und Pitcairnioideen. Stuttgart.

RAUH, W. 1981. Bromelien, Tillandsien und andere kulturwürdige Broemlien. 2. Aufl. Stuttagert.

RICHTER, W. 1960. Anzucht und Kultur der Bromeliaceen. In: Grundlagen und Fortschritte im Garten- und Weinbau. Stuttgart.

RICHTER, W. 1978. Zimmerpflanzen von heute und morgen - Bromeliaceen. 3. Aufl. Melsungen.

SAUER, K. 1989. Richtige Aquarien- und Terrarienbeleuchtung. Wuppertal.

SCHLECHTER, R. 1981. Die Orchideen. Berlin, Hamburg.

SCHOSER, G. 1976. Orchideen. Wiesbaden.

SEEGERS, L. 1980. Killifische. Stuttgart.

VIERKE, J. 1978. Labyrinthfische und verwandte Arten. Wuppertal.

WEBER, H. C. 1978. Schmarotzer. Pflanzen die von anderen leben. Braunschweig.

WENDELBERGER, E. 1972. Das kleine Orchideenbuch. Innsbruck.

WENDT, A. o. J. Die Aquarienpflanzen in Wort und Bild. Stuttgart.

Bücher für Ihr Hobby

Mit der neuen Erfolgsreihe aus dem bede-Verlag bieten wir Ihnen zu Ihren Aquarienfischen das passende Buch.
Sie möchten in die Aquaristik einsteigen, oder Sie brauchen wertvolle Tips zur Haltung und Zucht Ihrer Fische, dann ist unsere neue Reihe genau das Richtige. Jeder der 26 Titel umfaßt 80 Seiten und ca. 80-100 faszinierende Farbaufnahmen.
Für nur DM 19,80 je Titel ein aquaristisches Muß für Hobby-Aquarianer.

Zwergcichliden
ISBN 3-931 792-29-3

Tanganjikaseecichliden
ISBN 3-931 792-44-7

Malawiseecichliden
ISBN 3-931 792-25-0

Corydoras-Panzerwelse
ISBN 3-931 792-26-9

Guppys
ISBN 3-931 792-28-5

Piranhas
ISBN 3-931 792-27-7

Skalare
ISBN 3-931 792-30-7

Diskus
ISBN 3-931 792-24-2

Guramis und Fadenfische
ISBN 3-931 792-48-X

Regenbogenfische
ISBN 3-931 792-45-5

Aquarienpflanzen
ISBN 3-931 792-66-8

Kaiser- und Falterfische
ISBN 3-931 792-47-1

Tropheus-Cichliden
ISBN 3-931 792-65-X

Das funktionierende Meerwasseraquarium
ISBN 3-931 792-46-3

Harnischwelse
ISBN 3-931 792-67-6

Amanos Naturaquarien
ISBN 3-931 792-68-4

Wirbellose im Meerwasseraquarium
ISBN 3-931 792-72-2

Paludarium
ISBN 3-931 792-70-6

Koikarpfen
ISBN 3-931 792-71-4

Killifische
ISBN 3-931 792-69-2

Gesunde Aquarienfische
ISBN 3-931 792-73-0

Salmler
ISBN 3-931 792-74-9

Welse
ISBN 3-931 792-75-7

Schleierkampffische
ISBN 3-931 792-76-5

Aquaristik für Einsteiger
ISBN 3-931 792-77-3

Diskuszucht
ISBN 3-931 792-78-1

Fordern Sie unverbindlich unseren Gesamtprospekt an!